www.ingramcontent.com/pod-product-compliance
Lightning Source LLC
LaVergne TN
LVHW010053061026
849532LV00004BC/1286
* 9 7 8 8 1 1 9 0 2 2 9 5 3 *

حرفِ جمیلؔ

مضامین کا مجموعہ

جمیلؔ نظام آبادی ایم۔اے

Harf-e-Jameel *(Essays)*
by: Jameel Nizamabadi
Edition: April '2023
Publisher & Printer:
Taemeer Publications, Hyderabad.

ISBN 978-81-19022-95-3

9 788119 022953

کتاب : **حرفِ جمیل** (مضامین)
مصنف : **جمیل نظام آبادی**
صنف : نثری مضامین
ناشر : تعمیر پبلی کیشنز (حیدرآباد، انڈیا)
زیرِ اہتمام : تعمیر ویب ڈیولپمنٹ، حیدرآباد
سالِ اشاعت : ۲۰۲۳ء
تعداد : (پرنٹ آن ڈیمانڈ)
طابع : تعمیر پبلی کیشنز، حیدرآباد — ۲۴
صفحات : ۱۴۶
سرورق ڈیزائن : تعمیر ویب ڈیزائن

انتساب

☆ گونج کے نام

☆ گونج کے قلم کاروں قارئین اور معاونین کے نام

اس میں افسانے ملینگے نہ کہانی کوئی
میری تحریر ہے یہ درس وفا دیتی ہے
جمیلؔ

تعارف

نام	:محمد عبدالباری
قلمی نام	:جمیلؔ نظام آبادی
سن پیدائش	:1949ء
سکونت	:نظام آباد (آندھرا پردیش)
تعلیم	:ایم۔اے۔(اُردو لٹریچر)
مصروفیات	:منیجر اُردو اکیڈیمی علاقائی مرکز نظام آباد۔
ادبی مصروفیات	:ادارت رسالہ گونج نظام آباد،
	کنوینر ادارہ گونج نظام آباد،
	منتظم گونج پبلیکیشنز نظام آباد،

دیگر مطبوعات

1- سلگتے خواب	مجموعہ کلام	1878ء
2- تجدید آرزو	مجموعہ کلام	1985ء
3- مبر جمیل	مجموعہ کلام	1993ء
4- دل کی زمین	مجموعہ کلام	2004ء

زیر ترتیب تصانیف

(1) ذکر جمیل نعتوں کا مجموعہ (2) نقد جمیل تنقیدی مضامین

جمیل نظام آبادی کی صحافتی خدمات

میں نے "گونج" کو پتھر کے دور سے نکل کر الکٹرانک دور میں داخل ہوتے دیکھا ہے اور میری یہ خواہش ہیکہ گونج کوئی اور بڑا کارنامہ انجام دے اور انٹرنیٹ پر آجائے حالانکہ یہ ایک خواب ہے اور یہ اُمید بھی ہے کہ جمیل نظام آبادی ایک "چھوٹا" آدمی ہے لیکن اس بڑے کارنامہ کو انجام دینے کی ہمت ضرور رکھتا ہے، اس دور میں جبکہ "شب خون" جیسے ذہن ساز ادبی رسالہ دم توڑ رہے ہیں گونج کا اتنے برسوں تک جاری رہنا ہی ایک کارنامہ ہے۔ اُردو جوڑنے والی زبان ہے نہ کہ توڑنے والی یہ کسی علاقہ یا مذہب کی بھی زبان نہیں ہے یہ ہماری گنگا، جمنی تہذیب کی علامت ہے اور ھندوستان کو ہند مغل تہذیب کا بہترین تحفہ ہے، حکومت اس زبان کے فروغ و ترقی کے وعدے تو بہت کرتی ہے لیکن عملی طور پر بہت کم ہوتا ہے، اخبارات و رسائل کو زندہ رکھنے کیلئے اشتہارات آکسیجن کا کام کرتے ہیں اور اشتہارات دینے والے سب سے بڑے ادارے یعنی حکومت وقت کی عنایت سے اردو اخبارات محروم ہیں، رسائل کو تو کوئی خاطر میں نہیں لاتا۔

جمیل نے کبھی کسی کی "نظر عنایت" کی تمنا نہیں کی بلکہ اپنی دھن میں آگے بڑھتے رہے نظام آباد جیسے ادبی اعتبار سے مالا مال لیکن سہولتوں کے حساب سے پسماندہ علاقہ میں ایک ادبی رسالہ کی بنیاد رکھی، آج بھی ننھا سے پودا ایک تناور درخت بن کر گلشن شعر ادب کو اپنے وجود کا احساس دلانے میں کامیاب ہوا ہے۔

اندھیروں میں بسر کرنا ہمیں منظور ہے لیکن
کبھی مانگے چراغوں سے اجالا ہم نہیں کرتے

جمیل نے دنیائے صحافت میں اپنی منزل کا تعین خود کیا ہے، اپنے سفر کے راہی بھی وہی ہیں اور قائد بھی۔ انہوں نے اندھیروں میں ٹھوکریں ضرور کھائیں لیکن کبھی مانگے کے اجالے کا مرہون منت ہونا گوارا نہیں کیا۔ ان حالات میں اپنے قدموں پر کھڑے ہوئے جبکہ اردو کے جانے مانے علاقہ ویران ہو رہے تھے شمالی ہندوستان کسی زمانہ میں اردو زبان و ادب کا گہوارہ تھا اب وہاں کے اردو ایوان بے چراغ ہیں۔ سستی شہرت نام ونمود اور خودنمائی کے جذبہ کے تحت خدمت گار کا چولہ پہن کر کئی مکار پیشہ صحافت سے وابستہ ہو رہے ہیں، معاوضہ دینے کے بجائے لیکر علی الاعلان غیر معیاری تخلیقات شائع کر کے اپنی جیبیں بھر رہے ہیں، تخلیق کاروں کی مجبوری کا استحصال ہو رہا ہے، ان حالات میں گونج جیسے رسالہ کا زندہ رہنا بھی کمال ہے، بہت سے نام نہاد ادبی رسائل نئے لکھنے والوں کو خاطر میں نہیں لاتے لیکن جمیل نے نئی نسل کے لکھنے والوں کے مسائل کو پہچانا انکے مسائل میں دلچسپی لی انہیں گونج میں شائع ہونے کے موقع دیئے بلکہ انہیں خاطر خواہ اہمیت بھی دی اور آج اُردو ادب کے کتنے ہی نامور شعراء وادبا ہیں جو بڑے فخر سے کہتے ہیں کہ ہم گونج کی کھوج ہیں، ایک رسالہ کے مدیر نے ایک نئے لکھنے والے سے کہا ہم صرف انکی تخلیقات شائع کرتے ہیں، جنکی ادب میں پہچان ہے۔ نئے لکھنے والے نے جواب دیا جناب میں جب تک کسی رسالہ میں چھپونگا نہیں میری پہچان کیسے بنیگی۔

مجھے نہیں لگتا کہ جمیل سے کسی نئے لکھنے والوں کو اس قسم کے مکالمہ کی ضرورت پڑی ہو وہ تو خود ہی نئے لکھنے والوں کو ڈھونڈ کر نکال لیتے ہیں ان کے لئے گونج کا خریدار ہونا بھی ضروری نہیں، اور بعض ستم ظریف جمیل کی شرافت کا فائدہ اٹھا کر انہیں بیرنگ

لفافہ میں اپنی تخلیقات روانہ کردیتے ہیں اور جمیل انہیں شکریہ کے ساتھ لوٹانے کی بجائے قبول کرلیتے ہیں، گونج کے مستقل کالم ''عنایت نامہ'' میں ایسے بہت سے خطوط شائع ہوتے ہیں جن میں تخلیقات کی اشاعت پر اظہار تشکر تو ہوتا ہے لیکن زرسالانہ ادا کرنے کی کوئی بات نہیں ہوتی، بلکہ یہ شکایت ہوتی ہے کہ اعزازی طور پر روانہ کیا ہوا شمارہ قدرے تاخیر سے ملا۔

بشری کمزوریوں سے کوئی انسان مبرا نہیں ہوتا۔ جمیل کی یہ خوبی ہیکہ وہ دوست اور دشمن کی تمیز کرنے میں اکثر دھوکہ کھاجاتے ہیں، ایک شاعر صاحب نے مجھے یک گمنام خط لکھا کہ مجھ جیسے ''نامور'' ادیب کو گونج جیسے رسالہ میں چھپنا زیب نہیں یتا۔ حماقت یہ کی کہ یہ گمنام خط اپنے ہی ہاتھوں سے لکھا جب چوری پکڑی گئی تو بوکھلا گئے ۔اس پوری کہانی سے جمیل واقف تھے لیکن جب میں نے دیکھا کہ جمیل نے ان ساحب کا تعارف بہ قلم خود لکھا اور ان کی اناپ شناپ تخلیقات کو بھی گونج میں جگہ دی تب کہ وہ حضرت در پردہ گونج کو سرنگ لگانے کے درپہ تھے ایسے کتنے ہی ہیں جنہیں جمیل نے متعارف کیا ادب میں انکی پہچان بنائی لیکن انہوں نے جمیل کو ہی آنکھیں دکھائیں اور انکے دشمن بن گئے، اس پر جمیل کا خلاصہ یہ ہیکہ ''جب کوئی پیار سے گلے ملتا ہے تو گلے لگالیتا ہوں اور ترک تعلق کرتا ہے تو صبر کرلیتا ہوں'' اس کہتے ہیں ''صبر جمیل'' شائد اسی صبر و تحمل کی وجہ سے گونج اور جمیل زندہ ہیں۔

جنوں پسند مجھے چھاؤں ہے ببولوں کی
عجب بہار ہے ان زرد، زرد پھولوں کی
(ناسخ)

اردو والوں کی بے حسی سے ساری دنیا واقف ہے وہ چاہتے ضرور ہیں کہ اُردو زندہ رہے، لیکن اس کیلئے اپنے جیب خاص پر کوئی بار ڈالنا قبول نہیں کرتے، دوسری زبانوں کے اخبارات ورسائل تو ضرور خریدتے ہیں لیکن جب اُردو رسائل کی خریداری کا نام آتا ہے تو کانوں پر ہاتھ رکھ دیتے ہیں، یہ ایک المیہ ہے اردو کے درجنوں رسائل اردو والوں کی بے حسی کا شکار ہو گئے ''شب خون'' اس کی تازہ مسال ہے جو رسائل زندہ ہیں ان میں سے دو چار کے علاوہ باقی کی شمع بھی ٹمٹمارہی ہے اندیشہ ہے کہ کہیں یہ بھی بے حسی کے قبرستان میں دفن نہ ہو جائیں، سونامی کے تباہی کی ایک وجہ یہ بتائی گئی کہ اس طوفان کی پیشگی اطلاع نہیں ملی اسلیئے لوگ بے خبر رہے اور ہزاروں کی اموات ہوئیں اردو صحافت پر بھی آنے والے طوفان کی مہر لگ گئی ہے اس لئے ہمیں ہوشیار ہو جانا چاہئے جمیل جیسے مخلص صحافیوں کی ہمت افزائی ضروری ہے تاکہ وہ گونج کو مستقبل میں ''ای رسالہ'' بنانے میں کامیاب ہوں میری نیک خواہشات ان کے ساتھ ہیں۔

خدائے آسماں!
تمہیں لکھنی ہے خود اپنی کہانی۔
اگر چوکے تو خود بن جاؤ گے تم داستانی۔

قاضی مشتاق احمد،

پونہ، مہاراشٹرا۔

جمیل نظام آبادی کے فن کا آئینہ خانہ

فلک بوس محلات نا قابل تسخیر قلعہ جات عالیشان مساجد، مقابر، اور منادر اپنے شان وشکوہ، پائیداری اورفنِ تعمیر کے کمالات دیکھ کر ناظرین عش عش کرتے اور نعرہ ہائے تحسین بلند کرتے ہیں، لیکن کوئی سوچنے کی زحمت نہیں کرتا کہ انکی بنیادوں میں کتنے اوبڑ کھابڑ پتھر مٹی اور ملبہ ان کی بنیادوں کو پائیدار اور استوار رکھنے کیلئے اپنے آپ کو دفن کر چکا ہے، سرسبز وشاداب باغات پھلوں پھولوں سے لدے اشجار اور لہلہاتی فصلوں کی جڑوں میں محنت کشوں کا کتنا خون پسینہ صرف ہوا ہے، کوئی نہیں دیکھتا۔ ممالک کی تسخیر کیلئے کی جانے والی معرکہ آرائیوں میں چھوٹی بڑی فتوحات تاریخ میں سپہ سالاروں اور حکمرانوں سے منسوب کی جاتی ہیں، ان میں کتنے سپاہیوں کی جانیں تلف ہوئی ہیں میدان جنگ کتنوں کے خون سے لالہ زار ہوتا ہے، کوئی سوچنے کی ضرورت نہیں سمجھتا یہی بات شعروادب اور صحافت پر بھی صادق آتی ہے، دور کیوں جایئے، اُردو شعروادب کی محض چار سو سالہ تاریخ پر نظر ڈالئے ہزار ہا ہزار میں کتنے نام ہیں، جو آسمانِ شعرادب پر چاند ستاروں کی طرح روشن ہیں، میں دیر تک اور دور تک تابندہ رہنے والے انتہائی نمایاں ناموں کی بات کر رہا ہوں، اولین دور میں سودا ،میر، درد، مومن، غالب، زوق، داغ اور اقبال و حالی متوسطین میں فیض، جذبی، حسرت، جگر، مقدوم، جوش، فراق، جاں نثار اختر اور مجروح اور متاخرین میں ناصر کاظمی، شکیب جلالی، منیر نیازی، شہریار، خورشید احمد جامی، مظفر حنفی ،ندا فاضلی

باقیؔ، زیب غوریؔ، مظہر امامؔ، باقر مہدیؔ، زبیر رضویؔ اور شہاب جعفریؔ تک آ کر معاملہ رک جاتا ہے، عصرِ حاضر کے جگمگاتے ستاروں میں کتنے تادیر اپنی تب وتاب برقرار رکھ سکینگے اور کتنے بن کھلے مرجھائینگے اس کا فیصلہ ہونا ابھی باقی ہے، اور پھر متذکرہ نام بھی مجھ جیسے ہمہ وقت تاریخ شعر ادب کے اوراق کھنگالتے رہنے والے کے حافظہ میں جگمگا رہے ہیں، ورنہ کس کو فرصت ہے جو یاد رکھے ان فضولیات کو۔ بات میں بات نکل آئی دراصل میں بات کر رہا تھا اردو کہ ان بے شمار خادمان زبان وادب کی جن کا خون ،قلب وجگر ہر دور میں گلشن شعرادب کی سرسبزی وشادابی کو برقرار اور جاویداں رکھنے میں کام آتا ہے، جو اس گلستاں کے پیڑ، پودوں کی زیر زمیں جڑوں کو مسلسل سینچتے رہتے ہیں، ارباب نظر کی داد وتحسین محض غنچہ وگل کی بہار جانفزا، حاصل ہوتی رہتی ہے، جڑوں کو سینچنے والے ان بے شمار جاں نثاروں تک کسی کا دھیان نہیں جاتا جبکہ ان میں بھی بیشتر اپنے اپنے دور کے ناموروں میں شمار ہوتے ہیں، دورِ حاضر کہ ایسے ہی نامورانِ شعر و ادب وصحافت میں ایک نام جمیلؔ نظام آبادی کا بھی آتا ہے۔

جمیلؔ نظام آبادی کی کثیر الجہات ادبی خدمات پچھلی کم وبیش چار دہائیوں پر محیط ہیں اور یہ سلسلہ خاصی دور تک پھیلا ہوا ہے، ایک چیز جو جمیلؔ کو دیگر تخلیق کاروں کے مقابلہ میں ممتاز ومنفرد اور ممیز کرتی ہے وہ یہ کہ اس نے اپنی ذہنی صلاحیتوں اور فکری توانائیوں کو محض گھر بیٹھے شعر کہنے نظم یا غزل تخلیق کر کے بحیثیت شاعر اپنی قامت کو بلند کرنے یا مشاعروں کو شہرت اور دولت بٹورنے کا وسیلہ بنانے پر صرف نہ کرتے ہوئے اپنی رسالہ ''گونج'' کو ایسے تخلیق کاروں کے ترسیل وابلاغ کے لاینحل مسائل حل کرنے کا وسیلہ بنانے پر اپنی عمر عزیز کا قابل ذکر حصہ لگا دیا، جن پر نظریاتی گٹ بندیوں میں مبتلا معیارات کی نام نہاد سرحدیں متعین کرنے والے رسائل وجرائد کے ارباب۔

بست وکشاد نے اپنے دروازے بند کر رکھے تھے، بقول اقبال متین۔

"گونج" کے توسط سے بغیر کسی ذہنی تحفظ وتخصیص کہ اضلاع میں رہنے بسنے والے ایسے شاعروں اور نثر نگاروں کو جنکی شعری ونثری اظہار کی توانائی انکی تشہیر وتوقیر کا کوئی ذریعہ نہ ہونے کے سبب اپنی پہچان کو ترستی تھی، جمیل نظام آبادی کے نظرِ انتخاب سے بار پاتی رہیں اور گونج کا وسیلہ انکی شناخت کا مرہونِ منت ٹھہرا، شعر وادب کی خدمت کے اسی بے لاگ جذبہ سے جمیل نے اپنے ہم عصر تخلیق کاروں کو اپنا لیا اور بالالتزام انکو متعارف کرواتا رہا"۔

اگر اضلاع سے اقبال متین کی مراد محض آندھرا پردیش کے اضلاع سے ہے تو عرض کرنا چاہونگا کہ جمیل نظام آبادی کے گونج کی گونج محض آندھرا پردیش کے اضلاع تک محدود نہیں ہندوستان کی تمام ریاستوں کے اضلاع ہی نہیں اُنکی راجدھانیوں میں بھی ہے۔ جسم وجثہ کے اعتبار سے اس بظاہر نحیف ونزار طائرِ شعر وادب کی اڑانیں معیارات کی نام نہاد بلندیوں تک بھلے ہی نہ ہوں لیکن پھیلاو کے اعتبار سے اسکی شمالاً جنوباً اور شرقاً وغرباً ہندوستان کی سرحدوں کو چھورہی ہے، آندھرا پردیش سے باہر بھی دور دراز ریاستوں میں "گونج" بے حد مقبول ہے قلم کاروں کی مشمولہ تخلیقات اور خطوط اس کے شاہد ہیں، نیز یہ بھی کہ گونج کی گزشتہ کم وبیش تین دہائیوں کی فائیلوں (بشمول ہفتہ وار گونج) کی تجزیاتی انداز میں ورق گردانی کریں تو بے حد دلچسپ نتائج سامنے آئینگے منکشف ہوگا کہ آج کے بیشتر قد آور شعرا وادبا نے اپنے تخلیقی سفر کی شروعات گونج کی اوبڑ کھابڑ پگڈنڈیوں ہی سے کی تھی، آج جن کی تخلیقات کی چمچماتی کاریں معیارات کی چکنی سڑکوں پر فراٹے بھر رہی ہیں، بہتر ہوگا کہ جمیل نظام آبادی خود اس نوعیت کا اشاریہ تیار کر کے گونج کے کسی شمارے میں شایع کردیں، بر سبیل تذکرہ عرض کرتا چلوں۔۔۔۔

کہ یہ ہیچمدان خود روزِ اول سے آج تک گونج کا مستقل قلم کار رہا ہے، یہ اور بات ھیکہ گونج کے اجراء کے وقت میرا شمار پختہ کاروں میں ہونے لگا تھا، تاہم میں نے گونج میں چھپنا باعث عار سمجھنے کی بجائے ہمیشہ موجب افتخار سمجھا کہ یہ وسیع تر ادبی حلقوں میں روابط بڑھانے کا ایک طاقتور وسیلہ ہے، گونج کے لکھنے اور پڑھنے والوں کا ایک وسیع تر حلقہ ہے، جسکی سرحدیں دور دور تک پھیلی ہوئی ہیں، اس پرچہ کے دیرینہ وابستگان جن میں بیشتر جمیل کے حلقہ احباب میں شامل ہیں، جانتے ہیں کہ نہایت پابندی اور تسلسل کے ساتھ منظر عام پر آنے والا اُردو کا یہ رسالہ اپنے ابتدائی دنوں میں ہفتہ وار اخبار کی شکل میں شائع ہوا کرتا تھا، آٹھ (8) صفحات کے اس مختصر سے ادبی اخبار میں شعری و نثری تخلیقات، تبصرے، مراسلہ، خطوط وغیرہ پر مبنی کیفیت اور کمیت ہر دور اعتبار سے اس قدر وقیع مواد سمویا ہوا ہوتا تھا جسے پھیلا کر بہ آسانی ایک رسالہ کی شکل دی جاسکتی تھی، مجھے اچھی طرح یاد ہے میں نے اُس دور کے کسی شمارے کا تبصرہ کرتے ہوئے (جو کئی جگہ شایع بھی ہوا تھا) اس بات کی بطور خاص نشاندہی کی تھی۔

کوئی ادارہ نہیں، کوئی انجمن نہیں، کسی اکاڈیمی، کسی کونسل یا کسی سرکاری یا غیر سرکاری ادارہ کی کلی یا جزوی مالی معاونت کے بغیر وسائل کے فقدان اور معاشی ناتوانی کے باوجود ستائش کی تمنا اور صلہ کی پرواہ سے بے نیاز محض خدمت زبان وادب کے جذبہ سے سرشار یکہ و تنہا جمیل نظام آباد کا گونج نکالنا اسے اپنے لہو سے سینچ کر کئی برسوں سے مسلسل جاری و ساری اور سرسبز و شاداب رکھنا بجائے خود ایسا عظیم القدر اور فقید المثال کارنامہ ہے جسے زبان وادب کی تاریخ میں جگمگاتے لفظوں میں لکھا جانا چاہیئے لیکن۔۔

ایسا نہیں ہوگا کہ تاریخ سازوں کے قرطاس وقلم پر ہر دور میں ادب کے "بڑے بھائیوں" کی اجارہ داری رہی ہے، خیر یہ تو جملہ معترضہ تھا، مجھے چونکہ جمیل نظام آبادی کی ہمہ جہت ادبی خدمات پر کچھ عرض کرنا ہے اور بنتی نہیں ہے بادہ وساغر کہے بغیر کی مصداق گونج کا ذکر خیر کیے بغیر یہ موضوع ادھورا رہ جاتا ہے کہ موصوف کی سب سے زیادہ روشن اور تابناک عملی ادبی خدمت گونج کی زندگی اور بقاہی ہے اور انکا یہی ایک کارنامہ ادبی دنیا میں انکا نام برسوں زندہ رکھنے کیلئے کافی ہے۔

ڈاکٹر محبوب راہی

پوسٹ باڑسی ٹاکلی۔
ضلع آکولہ۔۔پن نمبر، 444401 مہاراشٹرا۔

جمیل نظام آبادی کی اداریہ نگاری

ادبی صحافت میں جمیلؔ نظام آبادی کا نام کسی تعارف کا محتاج نہیں ہے، آپ گذشتہ (35) پینتیس سالوں سے ایک خالص ادبی رسالہ ''گونج'' سے جڑے ہوئے ہیں، اور اعزازی طور پر اس کی بے لوث ادارتی خدمات انجام دے رہے ہیں، گونج دراصل ابتداہی سے ایک ہفت روزہ ہے، جمیلؔ نظام آبادی اُسے ادبی رسالہ کے طور پر جاری رکھے ہوئے ہیں، اِسے ان کی جراءت رندانہ ہی جانئے کہ وہ کسی مالی اعانت اور سرکاری اشتہارات کے بغیر بھی ہر ماہ نہ صرف شائع کر رہے ہیں، بلکہ اضلاع شعراء وادبا کہ خصوصی نمبر بھی شائع کر رہے ہیں، اور ادارہ گونج کے زیر اہتمام اضلاع کے قلم کاروں کی ایک سالانہ تقریب بھی بڑے تزک واحتشام سے منعقد کرتے ہیں، اور اس تقریب میں بھی تین اضلاع کے قلم کاروں کو اُن کی مجموعی خدمات کے عوض میں باوقار ''گونج'' ایوارڈ سے بھی نوازتے ہیں۔

جمیلؔ نظام آبادکی شخصیت دراصل مختلف النوع حیثیات کی حامل ہے۔آپ ایک اچھے شاعر ہیں ، ایک کامیاب نثر نگار ہیں اور ایک باصلاحیت ایڈیٹر بھی ہیں، شاعری میں ان کے چار شعری مجموعہ (۱) سلگتے خواب (۲) تجدید آرزو (۳) صبر جمیل (۴) دل کی زمین کا شائع ہو کر بے حد پذیرائی حاصل کر چکے ہیں، ان کے ہاں نثری مضامین کی بھی کمی نہیں، گونج پبلیکشنز کے تحت شائع ہونی والی تمام تر مطبوعات میں آپ کے تعارفات، آپکے پیش لفظ اور آپکے تاثرات شامل ہیں جو انکی نثر نگاری۔

کے بہترین نمونے لئے ہوئے ہیں، زیر نظر نثری تصنیف ''حرف جمیل'' انکے منتخب اداریوں کا مجموعہ ہے جو ہر ماہ رسالہ گونج میں شائع ہو کر بے حد پسند کئے جا چکے ہیں۔

اداریہ اخبار یا رسالہ کی جان ہوتا ہے، اس سے اخبار کے کردار اور رسالہ کی پالیسی کا تعین ہوتا ہے، اکثر ایڈیٹر اداریہ خود لکھتے ہیں یا لکھنے والوں کی نگرانی کرتے ہیں، کیونکہ یہ کلیتہً انکی ذمہ داری ہوتی ہے، جہاں تک گونج کے اداریوں کا تعلق ہے انہیں جمیؔل نظام آبادی بذات خود لکھتے ہیں، اور بڑی ذمہ داری سے لکھتے ہیں۔

اداریہ نگار کیلئے اپنے موضوع میں مہارت رکھنا بھی ضروری ہے۔''حرف جمیل'' میں شامل اداریوں سے یہ پتہ چلتا ہیکہ جمیؔل نظام آبادی اپنے موضوعات میں کافی مہارت رکھتے ہیں، آپ کے اداریوں کے موضوعات اپنے ماحول اپنے گرد و پیش کے واقعات و حالات اُردو زبان اور اسکے مسائل مسلم معاشرے کی پسماندگی، نئی نسل کی گمراہی اور اپنے بزرگوں کی عزت انکے احترام سے لا پرواہی تعلیم کا بھگوا کرن ، بیویوں پر شوہر کے مظالم، گجرات کے فسادات، جہیز کی لعنت، مذہبی تعلیم سے دوری، مشاعرہ باز شعرا، شعر ادب کو پاک صاف کرنے کی ضرورت، قوم و ملت کے مسائل وغیرہ پر محیط ہیں۔جمیؔل کے اداریہ انکے اپنے مشاہدات کے حقایق اور موضوعات کے گہرے مطالعہ کے غماز ہوتے ہیں، آپ پامال اور فرسودہ موضوعات پر قطعی قلم نہیں اٹھاتے البتہ انکے ہاں بین الاقوامی مسائل جیسے فلسطین وغیرہ کے عنوان پر بھی اداریہ ملتے ہیں جو انکے عالمی سیاسی شعور کی ترجمانی کرتے ہیں۔

جمیؔل نظام آبادی اپنے اداریوں کی ابتدا میں موضوعات کی تمام اہم تفاصیل کا اعادہ کرتے ہیں، کیونکہ یہ ضروری نہیں ہوتا کہ قارئین ان عنوانات سے متعلق پہلے ہی سے واقف ہوں یا کہیں پڑھ رکھا ہو۔ پھر اسکے بعد حقائق و دلائل سے اپنے فکر انگیز خیالات و تاثرات پیش کرتے ہیں، کہ قارئین انکی جانب متوجہ ہوں اور اداریوں میں نشان دہندہ کمزوریوں کوتاہیوں اور برائیوں سے اپنے آپ کو دور رکھیں، اور اپنے آپ کو اپنی زندگی کو صحیح سمت دیں اور صحیح موڑ دیں۔ جمیؔل نظام آبادی کے اداریوں کی زبان سیدھی سادی اور عام فہم ہوتی ہے، اور اسکی سب سے بڑی خوبی یہ ھیکہ یہ صرف ایک ہی صفحہ پر مشتمل ہوتا ہے، لیکن اپنے آپ میں علم و بیان کا گویا سمندر لئے ہوئے ہوتا ہے۔

بحر حال ''حرفِ جمیل'' میں شامل تمام اداریئے جمیؔل نظام آبادی کی اداریہ نگاری کہ اچھے اور سچے نمونے ہیں، ان میں جمیؔل نے اداریہ نگاری کے اصول وضوابط کو فنکارانہ و ماہرانہ انداز میں برتا ہے۔

میں انہیں انکی اس تصنیف پر دل کی گہرایوں سے مبارکباد پیش کرتا ہوں اور دعاء گو ہوں کہ ''حرفِ جمیل'' کو ادبی صحافت میں اسکا مستحق مقام ملے اور جمیؔل نظام آبادی کی دیگر تصانیف کی طرح ہاتھوں ہاتھ لی جائے (آمین)

شاغؔل ادیب۔ ایم۔ اے۔

ادارہ نیرنگ ادب (حیدرآباد و سکندرآباد)

زیب منزل مشیر آباد۔ حیدرآباد۔ 20 جون 2006ء

''حرفِ جمیل'' ایک تاثر

جمیل نظام آبادی کے ''صبرِ جمیل'' کے بعد اب ''حرفِ جمیل'' کے نقوش صفحہ قرطاس پر اُبھر رہے ہیں صبر جمیل میں دل کی دھڑکنیں تھیں جو شعر بن کر عالم احساس پر چھا گئی تھیں اور اب حرفِ جمیل ایسے نثری شہ پارے ہیں جو معاشرے کی دکھتی رگوں پر انگلی رکھ دیتے ہیں یہ کبھی رسالہ گونج کے اداریئے تھے۔۔۔۔۔جو یکجا ہو کر ''حرفِ جمیل'' کے حسین و جمیل نام سے اُفق ادب پر چمک رہے ہیں اداریئے اخبار یا رسالہ کی ایسی آواز ہوتے ہیں جن میں اخبار کا ایڈیٹر اپنے مقاصد و عزائم کو پیش کرتا ہے اُسے ادارتی کالم لکھنے کا پورا شعور ہوتا ہے، اور قاری اس کالم کے ذریعہ سے جان لیتا ہے کہ مدیر کیا پیغام دینا چاہتا ہے۔ یادش بخیر! آزادی سے پہلے جب یہ راقم الحروف انٹر میڈیٹ کالج ورنگل کا ایک طالب علم تھا تو ہمارے استاد جناب عاقل علی خان (مرحوم) ہمیں خاص طور پر ''دی ہندو'' اخبار کے اداریہ پڑھنے انکا اُردو میں ترجمہ کرنے یا اُنکا خلاصہ لکھ لینے کی تاکید کرتے تھے کیونکہ اخبار پورا پڑھیں نہ پڑھیں لیکن اداریہ پڑھ لینے سے حالات حاضرہ اقوام وملل کی کشمکش اور زندگی کے مختلف شعبوں میں پیش آنے والے واقعات کا نچوڑ ہمیں مل جاتا ہے۔

شہر نظام آباد سے شائع ہونے والا جانا مانا اور مانوس رسالہ گونج ایک طویل عرصہ پر محیط ہے اردو شعر و ادب گونج کا عین مقصد ہے اس دوران میں جمیل نظام آبادی نے کئی خصوصی شمارے میں بھی شائع کیے ہیں، شاعروں اور ادیبوں کے فن اور شخصیت پر

تحریریں منظرِ عام پر لے آئے علمی و ادبی انحطاط پر اپنے قلم کو جنبش دی مذہبی اور دینی فرائض کی جانب عدم توجہی پر اپنے تاثرات بغیر کسی ذہنی تحفظ کے پیش کئے کسی ادیب یا شاعر کے سانحہ ارتحال پر تعزیتی اداریئے لکھے، یکم مئی 2006ء کے اداریہ میں انہوں نے ڈاکٹر محمد حامد علی خان کے اس جہان فانی سے رخصت ہونے پر ایک پر اثر اداریہ قلم بند کرتے ہوئے لکھا کہ مرحوم جہاں پیشہ دارانہ صلاحیت کے مالک تھے وہیں وہ شعر و ادب سے بڑا لگاؤ رکھتے تھے، اس شمارے کو مرحوم کے نام سے معنون کر کے اپنی محبت اور خلوص و یگانگت کا ثبوت دیا ہے، مسلمانوں کے سیاسی مسائل کے تعلق سے ایک اداریہ میں یوں رقم طراز ہیں۔ ''ہمارے مسلم قائدین کو اپنے ذاتی مفادات اور اپنی تجوریوں کو بھرنے کے علاوہ کچھ نہیں سوجھتا اپنے سیاسی آقاؤں کی خوشنودی حاصل کرنے کیلئے اپنے تقاریب میں انکی تعریف میں زمین و آسمان کے قلابے ملاتے رہتے ہیں۔'' (یکم جنوری 2006ء)

ایک دوسرے اداریہ میں جمیل نظام آبادی پوچھتے ہیں کہ'' ہماری دعائیں کیوں مقبولِ رب نہیں ہیں'' فاضل مدیر نے بڑے ہی درد کے ساتھ لکھا ہے کہ ہم نے حرام و حلال میں تمیز کرنا ترک کر دیا ہے، ایک حدیث نبوی ﷺ کے حوالہ سے لکھا ہیکہ اپنا کھانا پاک اور حلال رکھو اللہ تمہیں مستجاب الدعوات بنا دے گا۔ اُمت مسلمہ کو وہ یاد دلاتے ہیں کہ تمہیں اپنا محاسبہ کرنے کی ضرورت ہے، تا کہ ہماری روز و شب کی دعائیں بارگاہ الٰہی میں مقبول ہو سکیں، اس ادریہ میں مدیر محترم نے ہماری ایک ایک غلط کاری پر انگلی رکھ کر بتایا ہیکہ ہمارے حرام لقموں نے ہمیں کس طرح اسفل سافلین میں پھینک دیا ہے۔ (جون 2006ء)۔

حضرت ابراہیم بن ادہمؒ سے کسی نے سوال کیا کہ قرآن مجید میں خدا فرماتا

"ادعونی استجب لکم" یعنی مجھ سے دعاء کرو میں قبول کرونگا۔ مگر کیا سبب ھیکہ ہم دعا کرتے ہیں، مگر وہ قبول نہیں ہوتی، جواب دیا کہ پانچ اسباب ہیں جنکی وجہ سے تمہاری دعاء قبول نہیں ہوتی۔ (۱) تم نے خدا کو پہچانا لیکن اس کا حق ادا نہ کیا (۲) قرآن مجید پڑھا لیکن اس پر عمل نہ کیا (۳) محبت رسول ﷺ کا دعویٰ کیا مگر سنت رسول ﷺ کی پیروی نہ کی (۴) ابلیس پر لعنت کی مگر اس کی اطاعت و فرمانبرداری بھی کرتے رہے (۵) اپنے عیوب سے آنکھیں بند کر کے دوسروں کے عیوب ڈھونڈتے رہے۔

مندرجہ بالا قول جمیل کے بعد ہم "حرف جمیل" کے بارے میں اتنا ضرور عرض کرینگے کہ باذوق قارئین کے حلقوں میں گونج کے جلیل و جمیل اداریہ گونجتے رہینگے۔ اللہ بس باقی ہوس۔

یعقوب سروش ایم۔اے۔بی ایڈ

مدیر بساط ذکر و فکر، آرمور۔

''محبت'' اللہ کی ایک بے مثال نعمت

اللہ تعالیٰ کی بخشی ہوئی بے شمار نعمتوں میں ''محبت'' بھی ایک بے مثال نعمت ہے، اور یہ عظیم الشان نعمت اللہ نے صرف انسانوں کو ہی نہیں بخشی بلکہ یہ نعمت جانوروں کو بھی عطاء ہوئی ہے، اب اس کے نمونے آئے دن نظر آتے رہتے ہیں، ''محبت'' خونی رشتوں کی محبت دل کے رشتہ کی محبت، دوستوں اور پڑوسیوں کی محبت ایک انسان سے انسان کی محبت رسول اللہ ﷺ کی اپنی اُمت سے محبت اور اللہ کی اپنے بندوں سے محبت۔ اگر اللہ کی اپنی مخلوق سے ''محبت'' نہ ہوتی تو یہ دنیا قائم ہی نہ رہتی، اس کائنات کا نظام درہم برہم ہو جاتا، اگر ماں باپ کی اپنی اولاد سے محبت نہ ہوتی تو انسان کی نشونما اور پرورش نہ ہو پاتی، اگر بھائی بہنوں رشتہ داروں اور دوست احباب کی آپسی محبت نہ ہوتی تو یہ معاشرہ اس طرح نکھرا ستھرا اور انسانوں کے بسنے کے قابل نہ ہوتا، بلکہ ہر طرف جنگل راج ہوتا اللہ تعالیٰ کو اپنی مرضی کے مطابق یہ دنیا چلانا ہے، وہ اس کائینات کو بجی اور سنوری ہوئی حالت میں دیکھنا چاہتا ہے، وہ انسانوں اور دیگر مخلوقات کی نشونما چاہتا ہے، اسی لئے تمام جانداروں کو دل دیا ہے، اور دل میں محبت کا عظیم جذبہ پیدا کیا ہے۔ اللہ کی اس نعمت کیلئے تمام مخلوقات کو اللہ کا شکر گزار ہونا چاہیے اور محبت کی اس عظیم دولت کو ساری انسانیت پر نچھاور کرنا چاہیے، علم ہی کی طرح محبت بھی وہ دولت ہے جو جس قدر خرچ کی جائے اس قدر بڑھتی ہے، اگر ہم کسی پر اپنی محبت نچھاور کرینگے تو۔۔۔

جواب میں وہ بھی ہم پر اس سے کچھ اور زیادہ ہی محبت لٹائیگا، محبت ہی سے یہ دنیا زیر کی جاسکتی ہے، اور محبت سے ہی دلوں کو فتح کیا جاسکتا ہے، اس خصوص میں سوال یہ پیدا ہوتا ہیکہ کیا ہم واقع اللہ کی بخشی ہوئی اس عظیم نعمت کا صحیح طور پر استعمال کر رہے ہیں، یا اس میں بھی بخالت برتی جارہی ہے، ہمیں یہ بھی دیکھنا ہے کہ ہم اللہ سے اور اسکی مخلوقات سے اسی طرح محبت کرتے ہیں جیسا کہ انکا حق ہے، ہمیں یہ بھی دیکھنا ہے کہ ہم اپنی اولاد کی طرح اپنے رشتہ داروں دوستوں اور پڑوسیوں کے معصوم بچوں سے بھی محبت کرتے ہیں یا ہماری محبت محدود اور خودغرض ہوگئی ہے، اور ہمیں اپنی ذات اور اپنی اولاد کے سوا کسی سے کوئی سروکار نہیں رہ گیا ہے، اگر خدانہ خواستہ ایسا ہوگیا ہے تو سمجھئے کہ ہم محبت کی دولت کے استعمال سے واقف نہیں ہیں، ہم یہ دولت اپنے پاس رکھ کر بھی کنگال ہوگئے ہں، اور ہم اس خود پرست اور خودغرض شخص کی طرح ہیں جو معاشرے کو بنانے سجانے سنوارنے اور اسے صحیح اقدار پر لاکر پروان چڑھانے میں ناکام ہوگیا ہے، ایسا آدمی اپنے سماج اور اپنے معاشرے ہی کی نظر سے نہیں گرتا ہے بلکہ خود اپنی نظر سے بھی گر جاتا ہے اور رفتہ رفتہ اسکے دل سے محبت کا جذبہ مفقود ہوجاتا ہے اسکے سینے میں محبت بھرے دل کی جگہ بس خون پھینکنے والا ایک عضو رہ جاتا ہے، اس لئے ہمیں اللہ سے دعاء کرنی چاہیے کہ ہمارے دل "محبت" سے خالی نہ ہوں۔ (آمین)

01-05-1998

حضور اکرمؐ سے محبت کامل ایمان کی نشانی

حضرت انسؓ سے مروی ہیکہ فرمایا رسول اکرم ﷺ نے کہ تم میں سے کوئی شخص اس وقت تک کامل مومن نہیں بن سکتا جب تک کہ میں اس کو اس کے باپ اسکی اولاد اور تمام لوگوں سے زیادہ محبوب نہ ہو جاوں۔

اس حدیث پاک کو بخاری اور مسلم دونوں نے نقل کیا ہے، محدثین اور اہل علم نے اس حدیث پاک کی روشنی میں یہ وضاحت کی ہے کہ کامل ایمان کیلئے حضور اکرم ﷺ سے حد درجہ کی محبت ضروری ہے، اگر کسی کے دل میں پیغمبر اسلام کے قول وعمل اور آپکے لائے ہوئے دین سے اس درجہ کی محبت نہ ہو تو وہ شخص ایمان کی حلاوت اور اس کے حقائق سے محروم ہے، واضح رہے کہ یہاں محبت سے مراد طبعی محبت نہیں ہے جیسا کہ باپ کو بیٹے سے یا بیٹے کو باپ سے ہوتی ہے، بلکہ حدیث پاک میں محبت سے مراد عقلی محبت ہے یعنی ذات رسالت سے اس قدر محبت ہو کہ رسول اکرم ﷺ کی ہدایت اور کسی شرعی حکوم کی تعمیل میں کوئی خونی رشتہ جیسے باپ کی محبت اور اولاد کا پیار یا اور کوئی تعلق رکاوٹ ڈالے تو شرعی حکم پورا کرنے کیلئے اس خون کے رشتے اور طبعی تقاضے اور محبت کو یکسر نظر انداز کر دینا چاہیے۔ جس شخص میں یہ جذبہ نہ پایا جائے وہ کامل مسلمان نہیں ہے ،گویا آپ ﷺ نے امت کو یہ سبق دیا ہیکہ اللہ پر ایمان لانے کے ساتھ رسول اللہ ﷺ کے ساتھ بھی محبت کرنے کا ہنر سیکھنا چاہیے!

اس حدیث پاک کی روشنی میں ہمیں اپنا محاسبہ کرنا چاہیے کہ ہم جو مسلمان

ہیں اور ہمیں اپنے مسلمان ہونے پر ناز بھی ہے تو پھر ہمارا ایمان کس حد تک کامل ہے ہمیں اپنے حضور پاک علیہ ﷺ سے کتنی محبت ہے اپنے ماں باپ اپنی اولاد اور دنیا کی ہر چیز سے زیادہ ہمیں حضور ﷺ سے محبت ہے یا نہیں اگر ہم دعویٰ کرتے ہیں کہ ہم مسلمان ہیں اور ہمیں سب سے زیادہ حضور ﷺ سے محبت ہے تو پھر اس کے ثبوت میں ہم کس حد تک سرکار دو عالم ﷺ کے احکام پر عمل کرتے ہیں، اسوہ حسنہ پر چلتے ہیں۔ ہم ایسا کوئی کام نہیں کرتے جسے حضور ﷺ نے ناپسند فرمایا ہے ہم ہر روز سرکار دو عالم ﷺ کو درود و سلام کا نذرانہ پیش کرتے رہتے ہیں، انکی یاد سے کبھی غافل نہیں رہتے۔ اگر ہم ایسا نہیں کرتے تو پھر ہمارا ایمان کامل نہیں ہے۔ ہمیں اپنے ایمان کو کامل بنانے کیلئے حضور ﷺ سے محبت اور انکے احکام پر کاربند ہونے کی سعی کرنی چاہیے، دل سے ہمیں حضور ﷺ کا سچا امتی ہونے کے اقدامات کرنا چاہیے کہ ہماری دنیا و آخرت سدھر جائے، حشر میں ہمیں اپنے سرکار ﷺ کا سامنا کرتے ہوئے شرمندگی نہ ہو۔

01-05-2004

کس پر عاید ہوتی ہے یہ ذمہ داری

آج کل ہر طرف یہ دیکھنے اور سننے میں آرہا ہے کہ والدین اولاد کی بدتمیزیوں اور نافرمانیوں سے پریشان ہیں۔ بڑے ہوتے ہی بچے والدین کیلئے مصیبت اور وبال جان بنتے جارہا ہے ہیں بچے ہر معاملہ میں من مانی کررہے ہیں اور اگر روکا ٹوکا گیا تو لڑائی جھگڑے یہاں تک کہ ماں باپ ہی کو گالی گلوچ کررہے ہیں، ماں باپ نے انہیں بڑی محبت اور چاؤ سے پالا پوسا انہیں اچھا کھلایا اچھا پہنایا انہیں ضرورت کی ہر چیز فراہم کی۔ ان کی تعلیم پر ہزاروں روپئے خرچ کردیئے اور بڑے ہوکر یہ بچے اس قدر گستاخ اور نالائق کس لئے نکل رہے ہیں، ان کے کردار میں حدو آداب لحاظ واحترام نام کی کوئی چیز کیوں نظر نہیں آرہی ہے۔ آخران کی پرورش میں کہاں کوتاہی ہورہی ہے۔ اس بارے میں سوچنا ضروری ہے کہ کہیں والدین ہی تو اسکے ذمہ دار نہیں ہیں۔ اکثر والدین بے جالاڈ و پیار میں اپنے بچوں کو بگاڑ دیتے ہیں اسکی چند مثالیں خود ہمارے سامنے ہیں۔

ایک عزت دار اور معتبر صاحب سے ان کے ایک قریبی دوست نے کہا تھا کہ ”بھائی آپکا لڑکا ان دنوں برے اور اوباش قسم کے لڑکوں کی صحبت میں رہنے لگا ہے، اگر فوری اس طرف توجہ نہیں دی گئی تو وہ بگڑ جائیگا۔“ ان صاحب نے جواب دیا ”میں نے جان بوجھ کرڈھیل دے رکھی ہے۔ میں یہ چاہتا ہوں کہ یہ ڈرپوکوں کی طرح نہ جئے

بلکہ سر اٹھا کر جینا سیکھے کیونکہ یہ زمانہ جسکی لاٹھی اس کی بھینس والا ہے،اس لئے بچوں کو بہادر بنانا چاہئے۔'' اور جب یہ لڑکا جوان ہوگیا تو پھر اس نے وہ رنگ دکھایا کہ آج سارا محلہ ہی نہیں بلکہ خود اس کا سارا گھر اس سے پریشان ہے۔گھر میں سب کو مارنا گالی گلوج کرنا اس کا معمول بن گیا ہے۔اور پھر ایک دن اس کے والد نے اپنے اسی دوست سے روتے ہوئے کہا کہ ان کے بیٹے نے تو آج حد ہی کردی۔آج اس نے اپنے باپ پر چاقو نکالا ہے۔ایک اور صاحب سے اسکول ماسٹر نے یہ شکایت کی کہ ان کا بیٹا سگریٹ پینے لگا ہے۔یہ سن کر ان صاحب کو ماسٹر پر بڑا غصہ آیا اور وہ ماسٹر پر برس پڑے کہ انہیں بچوں کی چغلی کرنے کی ضرورت نہیں ہے بلکہ وہ اپنے کام سے کام رکھیں انہوں نے تو یہاں تک کہہ دیا کہ اگر میرا بیٹا سگریٹ پیتا ہے تو میرا ہی خرچ ہورہا ہے۔ماسٹر کا تو نہیں۔نتیجہ یہ ہوا کہ وہ لڑکا اپنے باپ کی جیب سے پیسے چرا کر سگریٹ پیتا رہا اور اب سگریٹ کا ایسا عادی ہوگیا کہ اب اس کے جسم میں خون کی جگہ نکوٹین دوڑ رہا ہے نکوٹین کے زہر کی وجہ سے جسم کے سارے اعضاء جواب دے چکے ہیں۔

ایسے کئی واقعات ہیں جن میں اپنے بچوں کو بگاڑنے میں خود ان کے والدین نے بڑا حصہ ادا کیا ہے۔دراصل ہم اپنے بچوں کی پہلی غلطی کو نظر انداز کر کے اسے دوسری غلطی کرنے پر اکساتے ہیں،بچوں کی پرورش میں ماںباپ کو چوکنا رہنا چاہیے،اور بچوں کی پرورش جتنی آسان ہے،انکی تربیت اتنی ہی مشکل ہے،آج مذہبی اخلاقی تعلیم کے فقدان نے بچوں کو بے لگام کردیا ہے۔انہیں ہر اچھے برے کی تمیز کرنا ادب واحترام کرنا ان میں نیکی اور بدی کی پہچان کی صلاحیت پیدا کرنا والدین ہی کی ذمہ داری ہے،ورنہ انسان اور جانور میں فرق ختم ہوجائیگا۔

01-11-1998

کیا یہ سچ نہیں۔؟

ملک کی بنیاد پرست تنظیموں نے ہندوتوا کے نام پر ملک کی اکثریت کو ایک دھاگے میں پرونے کی جو سعئ مسلسل کی ہے اس کا صلہ انہیں پچاس برس بعد آج مل رہا ہے، ہندوازم کے نام پر انکی انتھک کوششوں میں ملک کی سیکولر کہلانے والی حکومت نے بھی دانستہ یا نادانستہ طور پر انکی مدد کی ہے، آج ان تنظیموں سے وابستہ یا ان سے متفق افراد نہ صرف سیاست کی اہم کرسیوں پر فائض ہیں بلکہ انتظامیہ میں بھی نچلی سطح سے لیکر اہم اور اعلیٰ عہدوں پر قبضہ جمالیا ہے، اتنا ہی نہیں فوج اور پولیس میں یہاں تک کہ عدلیہ میں بھی یہ لوگ اپنے منصوبوں کے تحت کام کر رہے ہیں اور ایک دوسرے کی کھل کر مدد کرتے ہوئے اپنے مفادات کی تکمیل کر رہے ہیں، اگر یہ مخالف ہیں تو صرف ملک کی سب سے بڑی اقلیت یعنی مسلمانوں کے۔ مسلمانوں کو یہ دوسرے نمبر کے شہرے سمجھتے ہیں، بلکہ بعض بنیاد پرست تنظیمیں تو انہیں اس ملک کا شہری ماننے کیلئے بھی تیار نہیں ہیں ،انہوں نے منصوبہ بند طریقہ پر اقلیتوں کی تعلیم اور زبان کو ختم کرنے کی سازش رچی پھر انکی معیشت کی جڑیں کھوکلی کرنے کا کام شروع کیا۔ ان پر سرکاری ملازمتوں اور عصری و ٹیکنیکل تعلیم کے دروازے بند کر دئے گئے سیاست میں بھی ان کے داخلہ کی کوئی اہمیت نہیں آج اس ملک کی اکثریت کا ایک بھی شخص کسی بھی الیکشن میں چاہے وہ مقامی سطح کے الیکشن ہوں یا اسمبلی و پارلیمنٹ کے اقلیتی طبقہ کے کسی بھی امیدوار کو اپنا ووٹ دینے

تیار نہیں چاہے وہ کسی بھی سیاسی جماعت کا نمائندہ ہی کیوں نہ ہو، آج اس ملک میں اقلیتیں ہر قدم پر مذہبی تعصب کا شکار ہیں۔

اتنا سب کچھ ہونے کے باوجود آج بھی اس ملک کی اقلیتیں خواب غفلت کا شکار ہیں۔ ان میں آپس میں اتحاد اور اتفاق نام کی کوئی چیز نہیں ہے ان کی زبانوں کو کچلا گیا۔ انہوں نے آنکھیں موندھ لیں بلکہ اس میں اپنا بھی حصہ ادا کیا یعنی اپنے بچوں کو مادری زبان میں تعلیم حاصل کرنے سے محروم کر کے دانستہ یا دانستہ طور پر اس سازش کا شکار ہو گئے اعلیٰ اور عصری تعلیم کے دروازے ان پر بند ہوئے۔ انہوں نے آنکھ نہیں کھولی کیونکہ ان کے بچے اعلیٰ تعلیم حاصل کرنے کے قابل ہی نہیں رہ گئے تھے۔ ملازمتوں کے دروازے ان پر بند ہوئے تو بھی یہ ٹس سے مس نہیں ہوئے کیونکہ یہ اپنے بیروزگار نوجوانوں کو عرب ملکوں کو بھجوانے کیلئے اپنی آبائی جائیداد بیچنے کے عادی جو ہو گئے تھے، سیاست میں انہیں کوئی مضبوط پوزیشن ملنے والی نہیں۔ انہیں اسکی بھی پرواہ نہیں کیونکہ یہ سمجھتے ہیں کہ سیاست غنڈوں اور بدماشوں کا کام ہے ہمیں کیا، ان میں اب اتنی بھی صلاحیت نہیں رہ گئی ہے کہ یہ اپنے بھلے برے کی تمیز کر سکیں، اپنے جمہوری اور دستوری حقوق کو منوانے کیلئے آواز اٹھا سکیں جذباتی باتیں کرنا اور پھر دروازے بند کر کے سو جانا اس قوم کا وطیرہ بن گیا ہے۔ پتہ نہیں یہ خواب غفلت سے کب جاگیں گے اور جب جاگیں گے تو پتہ نہیں کتنی دیر ہو جائے!

01-03-1998

ادبی انجمنوں کی اہمیت

اردو کی ترقی وترویج میں ادبی انجمنوں کی بڑی اہمیت ہے، یہ انجمنیں اردو مسائل کا جائیزہ لیتی ہیں، صحافت اور سیمیناروں کے ذریعہ ان مسائل سے عوام الناس کو واقف کرواتی ہیں، اور انکی یکسوئی کیلیئے ارباب حکومت سے نمائیندگی کرتی ہیں، خاص طور پر تعلیمی مسائل کو حل کروانے میں، ان انجمنوں نے اب تک قابل لحاظ رول ادا کیا ہے، لسانی بنایدوں پر ریاستوں کی تقسیم کے بعد ہر ریاست میں اردو تعلیم از خود ایک مسئلہ بنی ہوئی ہے، اردو مدارس کے قیام کیلیئے، اسکولوں میں متوازی جماعتوں کے قیام کیلیئے یا پھر اردو اساتذہ کے تقررات کے سلسلہ میں ان انجمنوں اور اداروں نے ہر مقام پر بھرپور نمائندگیاں کی ہیں، اور یہ سلسلہ جاری ہے، صرف اتنا ہی نہیں بلکہ اردو کا ماحول بنائے رکھنے میں بھی ان انجمنوں اور اداروں کی خدمات بلاشبہ قابل ستائش رہی ہیں، آزادی کے بعد ملک میں جتنے بھی اُردو کے جلسہ وسیمینار ادبی اجلاس یا مشاعرے منعقد ہوئے ہیں یا ہو رہے ہیں وہ سب کے سب کسی نہ کسی ادبی انجمن یا ادارے کی مساعی کا نتیجہ ہیں آج بھی جبکہ خود اردو والے اردو سے فرار اختیار کر رہے ہیں اردو شعر وادب سے منہ چھپا رہے ہیں اکثر مقامات پر ادبی انجمنیں محدود پیانہ پر ہی سہی اردو شعروادب کے ماحول کو بنائے رکھنے میں لگی ہوئی ہیں اور ان کی یہ کوششیں اردو ادب کی روح میں تازگی پیدا کرنے کا وسیلہ بنی ہوئی ہیں۔ یہ بھی ایک حقیقت ہے کہ اکثر مقامات پر ان

انجمنوں کی سرگرمیاں ختم ہوتی جارہی ہیں۔یا پھران انجمنوں کا وجود ہی ختم ہو گیا ہےاور اگر کہیں ان انجمنوں کا وجود ہے بھی تو عدم کارکردگی کہ وجہ ہونے نہ ہونے کے برابر ہے۔اردو والوں کے عدم تعاون کی وجہ اکثر مقامات پران انجموں سے وابستہ افراد کے حوصلے پست ہو گئے ہیں اور رفتہ رفتہ خود کو وہ ان انجمنوں کے کاموں سے الگ کرتے چلے جارہے ہیں۔اسی لئے ان مقامات پر بھی جو کبھی اردو ادب کے گہوارے ہوا کرتے تھے وہاں ایک پر کیف ادبی ماحول ہوا کرتا تھا آج بے کیفی کی گھٹن میں مبتلا ہیں چنانچہ ان مقامات پر اردو والوں کی نئی پود جو اردو سے دور ہو گئی ہے۔ادبی اجلاس ،مشاعرے،مسالمے،مباحثے،اجتماعات یا نظم،غزل،قصیدہ،نعت،حمد،رباعی،افسانہ، مضمون ،انشائیہ جیسی اصطلاحوں سے ناواقف ہے۔مشاعروں کو (کوئی سمیلن) اور بیت بازی کو(انتا کشری) کہکر انہیں سمجھانا پڑتا ہے۔کیا یہ بات ہم اردو والوں کے لئے سوالیہ نشان نہیں ہے کہ خود اپنی مادری زبان کی خوبیوں سے ہی ہماری نئی نسل ناواقف ہے۔اوراسے ناواقف رکھنے کے بھی ذمہ دار بھی ہم خود ہی ہیں۔آج ضرورت اس بات کی ہے کہ ہر شہر پر قصبہ میں ادبی انجمنوں کا قیام عمل میں لائیں اوران کے ذریعہ اردو ماحول بنانے اوراس ماحول میں ہماری نئی نسل کوشامل کرنے کی ضرورت ہے،اردو کی بقاءاوراسکی ترویج کا یہ بھی ایک موثر ذریعہ ہے۔

01-10-1998

مسلم مسائل سے مسلم قائدین کی بے حسی

مسلمانوں کے مسائل کے تعلق سے مسلم سیاسی قائدین کی بے حسی پر افسوس کا اظہار کرتے ہوئے ایک سیمینار میں جناب زاہد علی خان چیف ایڈیٹر روزنامہ سیاست نے کہا ھیکہ مسلمانوں کے مسائل برسوں سے حل طلب ہیں، آزادی کے بعد ملک میں حکومتیں تبدیل ہوتی گئیں، مگر مسلمانوں کے مسائل حل نہیں کیے گئے، اس سلسلہ میں مسئلہ کا اگر باریکی سے جائیزہ لیا جائے تو یہ نتیجہ سامنے آتا ھیکہ مسلمانوں میں اتحاد کا فقدان ہے، ہم خود متحد نہ ہونے سے ہم حکمرانوں پر اثر انداز نہیں ہو رہے ہیں، آج مسلم مفادات کا تحفظ بہت ضروری ہے بلکہ اب تو یہ بہت بڑا چیلنج بن گیا ہے، جناب زاہد علی خان نے اس خصوص میں یہ تجویز پیش کی ھیکہ تمام مسلم سیاسی قائدین کو اپنی اپنی سیاسی جماعتوں سے بالاتر ہو کر اور ایک پلیٹ فارم پر جمع ہو کر ایک مسلم ڈیموکریٹک فرنٹ تشکیل دینا چاہیے اور اس فرنٹ کے ذریعہ حکومت پر اور خود اپنی اپنی پارٹیوں پر دباؤ ڈالنا چاہیے کہ وہ مسلمانوں کے دیرینہ مسائل کو حل کرنے کی کوشش کریں۔

افسوس اس بات کا ھیکہ مارے سیاسی قائدین میں سیاسی شعور کا فقدان ہے انہیں مسلمانوں کے مسائل سے کوئی دلچسپی نہیں ہے، وہ چاہتے ہیں کہ یہ مسائل یوں ہی برقرار رہیں اور وہ ان مسائل کے حوالے سے مسلمانوں کے ووٹ حاصل کر کے اپنی کرسیوں کو ہمیشہ برقرار رکھ سکیں، ہمارے قائدین کو اپنے ذاتی مفادات اور اپنی تجوریوں کو بھرنے کے علاوہ کچھ نہیں سوجھتا وہ چاہتے ہیں کہ الیکشن میں ان کی جو بھی دولت خرچ

ہوئی ہے انہیں وہ سود سمیت واپس مل جائے اور انتخابات میں خرچ کرنے کیلئے ان کے پاس دولت کی کمی نہ رہے، بس وہ اپنے عہدوں کو بچانے اور اپنی کرسیوں کی حفاظت کر اور اپنے لئے دولت بٹورنے میں لگے رہتے ہیں، وہ بڑے بڑے سرمائے داروں صنعت کاروں اور بیوپاریوں کی پیروی ہی کو اپنی لیڈری سمجھتے ہیں، اپنے سیاسی آقاؤں کی خوشنودی حاصل کرنے کیلئے اپنی تقاریر میں انکی تعریف میں زمین آسمان کے قلابے ملاتے رہتے ہیں، وہ مسلمان ہونے کے باوجود مسلمانوں سے صرف ووٹ بٹورنے کے حد تک ہی تعلق رکھتے ہیں، ووٹ حاصل کرنے کے بعد اگلے پانچ سالوں تک انہیں مسلمان یاد آتے ہیں نہ انکے مسائل وہ صرف زبانی جمع خرچ ہی سے مسلمانوں کو بہلاتے رہتے ہیں، آزادی کے بعد سے یہی ہوتا آرہا ہے، اور نہ جانے آئندہ کب تک ایسا ہی ہوتا رہیگا، مسلم کوٹے سے کرسیاں حاصل کرنے کے باوجود مسلم مسائل سے پہلو تہی مسلمانوں سے غداری کے مماثل سمجھا جائیگا، مگر کیا کریں کہ یہاں تو ایسا ہی ہوتا آرہا ہے، اور مسلمان آج بھی اپنے حقوق سے اپنے مفادات سے محروم ہیں۔ اس سلسلہ میں یہی مناسب نظر آتا ہیکہ مسلمان متحد ہوکر اپنے ان نام نہاد قائدین کو الیکشن میں نظر انداز کر کے انہیں سبق سکھائیں۔

01-01-2006

قومی یکجہتی۔ صدر جمہوریہ کا لمحہ فکر

یوم آزادی کے موقع پر صدر جمہوریہ ہند ڈاکٹر اے۔ پی۔ جے۔ عبدالکلام نے بڑی سلجھی ہوئی تقریر کی ہے آپ نے ملک وقوم کو درپیش بیشتر مسائل کا ذکر کرتے ہوئے انکی یکسوئی کیلئے اپنے مفید مشوروں سے بھی نوازا ہے، آپ نے ایسے تمام متنازعہ موضوعات کو ملتوی رکھنے کی سیاسی جماعتوں سے اپیل کی ہے، جو ملک کی ترقی کی راستے میں رکاوٹ بنے ہوئے ہیں، صدر جمہوریہ نے نسلی گروہ بندیوں یا مذہبی بنیاد پرستی کیلئے دہشت گردی کو ذریعہ بنانے والوں کے خلاف سخت تنقید کی ہے۔ درحقیقت آج ہمارے ملک کی ترقی کی راہ میں دہشت گردی اور مذہبی بنیاد پرستی بہت بڑی رکاوٹ بنے ہوئے ہیں، یہ ایک تلخ حقیقت ھیکہ منافرت اور ڈر وخوف کا ماحول کسی بھی ملک کی ترقی کیلئے سازگار نہیں ہوسکتا، ملک کو کسی ایک مخصوص مذہب یا فرقہ سے وابستہ کرنے کی کوشش بجائے خود ملک کی یکجہتی وسلامتی کیلئے تباہ کن ہے، آج ہمارے ملک میں مذہب کے نام پر جو تقسیم کی جارہی ہے، اور خون خرابہ ہورہا ہے وہ کسی بھی صورت میں ملک وعوام کے حق میں بہتر نہیں ہے، جڑیں کاٹ کر شاخ کو ہری بھری رکھنے کی سوچ تباہ کن ہے کسی ایک فرقہ کو حاشیہ پر لانا اور یہ سمجھ لینا کہ اس سے ملک کا بھلا ہوجائیگا یہ بیمار ذہن کی سوچ سمجھی جائیگی اور اس کے نتائج اچھے نہیں نکلیں گے، یہ بھی کھلی حقیقت ہے کہ ہندوستان اس لئے ہندوستان ہے کہ یہ تمام مذاہب اور فرقوں کا گلدستہ ہے، ملک کے سیکولر اور امن پسند عوام کیلئے یہ ایک چیالینج ھیکہ اس خوبصورت گلدستہ کی خوبصورتی کو برقرار رکھیں اور ایک بھی پھول کو ٹوٹ کر بکھرنے نہ دیں، ڈاکٹر عبدالکلام اس بات سے اچھی طرح واقف۔

ہیں کہ امن وامان اور خوشحالی اسی وقت ہوسکتی ہے جب یہ ملک متحد رہے اور یہاں محبت کی فضاء قائم رہے اسی لئے انہوں نے اپنی اس پر مغز تقریر میں قومی یکجہتی کا پیام پیش کرتے ہوئے کہا کہ آیئے ایک لحہ کیلئے ہم رک کر جائیزہ لیں کہ ہم مستقبل کی نسلوں میں کس طرح یاد رکھے جائینگے کیا ہم اس لیے یاد رہینگے کہ ہم نے گرجا گھر بنائے یا کتنی مسجدیں بنائیں یا کتنے مندر تعمیر کئے بالکل نہیں بلکہ ہم اس لیے یاد رکھے جائینگے کہ اگر ہم اپنی نسل کو ایک خوشحال اور محفوظ ہندوستان دینگے۔

ڈاکٹر عبدالکلام کا یہ بیان آج ملک کے نہ صرف عوام بلکہ ان لوگوں کیلئے بھی لحہ فکر ہے جنہوں نے ملک کی باگ ڈور کو اپنی ہاتھ میں لے رکھا ہے، اور وہ چاہتے ہیں کہ یہ ملک جو ہزاروں برس سے فرقہ پرستی دہشت گردی کی لعنت سے دور رہا ہے اور دنیا بھر میں سیکولرزم کی پہچان ہے اس ملک کو اپنی سوچ اور اپنی فکر کے مطابق چلائیں اگر ایسا ہوا اور اگر ہم سیکولرزم کی راہ سے ہٹ گئے تو آنے والی نسلیں ہمیں معاف نہ کرینگی۔

01-09-2003

اللہ کی رحمت، مغفرت کے بہانے ڈھونڈتی ہے

رمضان المبارک نیکیوں کے حصول برائیوں اور گناہوں کو دھونے کا مہینہ ہے۔ اسے اللہ کا مہینہ کہا جاتا ہے۔ اس مہینے میں اللہ تعالیٰ اچھے اعمال پر نیکیوں کی تعداد ستر گنا بڑھادیتے ہیں، کیونکہ اللہ تعالیٰ اپنے بندوں کی زیادہ تعداد میں مغرت کرنا چاہتے ہیں، اور رمضا المبارک کا نزول اسی مقصد سے ہوا ہے اس ماہ میں اللہ کی رحمت مغرت کے بہانے ڈھونڈتی ہے، رمضان المبارک کی خاص عبادت روزہ ہے، اور روزہ کو نماز کے بعد ہر مسلمان مرد وعورت پر فرض کیا گیا ہے، روزہ دار کے ہر اچھے عمل پر نیکیوں کی بارش ہوتی ہے، روزہ دار کا سحر وافطار میں کھانا پینا اُسکا سونا جاگنا اور اسکا ہر اچھا عمل عبادت میں شامل ہے اور عبادت کے بدلے میں نیکیوں کا وعدہ کیا گیا ہے، رمضان نمازوں کی کثرت تلاوت قرآن ذکر واذکار خیرات وصدقات کا مہینہ ہے اور یہی وہ اعمال ہیں جو بندے کو جہنم سے دور اور جنت کے قریب کرتے ہیں، بلکہ احادیث میں آیا ھیکہ جنت کے کئی دروازے ہیں، اور ایک خاص دروازہ جسکا نام ریان ہے اس دروازے سے صرف روزہ دار ہی جنت میں داخل ہونگے، اسکے علاوہ بھی احادیث میں روزہ داروں کیلئے کئی فضیلتیں بیان کی گئی ہیں، اس ماہ کی فضیلتوں میں شب قدر بھی ایک فضیلت والی رات ہے، جو ہزار مہینوں سے بڑھ کر ہے، یعنی اس ایک رات کی عبادت ہزار مہینوں کی عبادت کے برابر ہے اس لئے اکثر دیکھا گیا ھیکہ جو مساجد عام دنوں میں نمازیوں سے خالی رہتی ہیں، وہ ماہ رمضان میں اپنی تنگ دامنی کا گلا کرتی

نظر آتی ہیں، دن میں روزہ رکھنے اور رات میں قیام کرنے یعنی فرض نمازوں کے علاوہ تراویح و تہجد کا اہتمام کرنے کا عمل بندے کو اللہ سے قریب کرتا ہے، اور اللہ روزہ کا اہتمام کرکے بھوک پیاس اور دیگر نفسانی خواہشات پر قابو پانے والے اس بندے سے خوش ہوتے ہیں، اور اسے اپنی بخشش اور مغفرت سے نوازتے ہیں، اللہ فرماتے ہیں کہ روزہ میرے لئے ہے اور میں ہی اس کا اجر دینے والا ہوں چنانچہ گیارہ مہینے غفلت میں گزارنے والے بندے بھی اس ماہ میں روزوں اور نمازوں کی پابندی کرکے تلاوت قرآن و دیگر صالحہ اعمال کرکے اللہ کی مغفرت کے حق دار ہو جاتے ہیں۔ اللہ تعالیٰ جو اپنے بندوں سے ستر ماؤں کی ممتا رکھتے ہیں وہ کبھی یہ نہیں چاہتے کہ انکا کوئی بندہ دوزخ میں جائے، وہ چاہتے ہیں کہ تمام بندے فرماں بردار بن جائیں اور نعمتوں کے مستحق ہو جائیں، اس کے باوجود بھی اگر کوئی بندہ اللہ کا نافرمان ہی رہتا ہے، اس مقدس بابرکت اور رحمت والے مہینے کی قدر نہیں کرتا ہے اپنی زندگی شیطان کے پرفریب جال میں گزار دیتا ہے جھوٹ غیبت چوری شراب نوشی حرام خوری۔ زناہ جوا وغیرہ سے باز نہیں آتا توبہ واستغفار نہیں کرتا تو وہ بدبخت اس مہینے کی رحمتوں برکتوں اور مغفرتوں سے محروم ہی رہ جاتا ہے، اور جہنم میں اپنا ٹھکانہ بناتا ہے۔

اللہ ہم کو رمضان المبارک کی تمام رحمتوں ، برکتوں اور مغفرتوں سے نوازے (آمین)

01-12-2001

ہمارا موجودہ معاشرہ اور ہم

آج ہمارے معاشرے میں جو برائیاں پھیلی ہوئی ہیں ان کا سب کو ہی احساس ہے لیکن معاشرے کے سدھار اور برائیوں کی روک تھام کے لئے کوئی بھی عملی طور پر کچھ کرنے کو تیار نہیں ہے۔ سب کہتے ہیں کہ شادیوں میں جہیز کی مانگ ہمارے معاشرے کا سب سے بھیانک مسئلہ ہے جس کی وجہ سے لاکھوں لڑکیاں بن بیاہی بیٹھی ہوئی ہیں۔ لاکھوں روپیہ کا جہیز دینا ان کے والدین کیلئے ممکن نہیں ہے۔ یہی نہیں ہمارے نوجوانوں میں بیروزگاری بھی ایک اہم مسئلہ ہے۔ بیروزگاری دور کرنے کی کسی کو کوئی صورت نظر نہیں آتی۔ اور محض کام کاج نہ ہونے کی وجہ لڑکوں میں آوارگی پھیل رہی ہے۔ نوجوانوں کو کمانے کا جب کوئی صحیح راستہ نہیں ملتا تو وہ دولت کے حصول کے لئے غلط راستوں پر چل کر اپنی زندگیوں کو داو پر لگا رہے ہیں۔ ہماری لڑکیوں میں فیشن پرستی اور بے حیائی بڑھتی جارہی ہے۔ ان کی شادیوں کا مسئلہ حل نہ ہونے کی وجہ اکثر لڑکیاں در پردہ برائیوں میں مبتلا ہورہی ہیں۔ اس خرابی کا ذمہ داری ہمارے موجودہ معاشرہ ہی ہے۔ ہم میں موجود بڑی عمر کے لوگوں میں عیش پرستی اور بے عملی عام ہورہی ہے۔ یہ لوگ جھوٹ غیبت حسد جلن کا شکار ہوکر اپنا چین وسکون خود ہی حرام کئے ہوئے ہیں اور ساتھ ہی اپنی دنیا و عاقبت بھی خراب کررہے ہیں ہمارے اکثر مذہبی رہنما بھی دیوار کی بلی بنے نظر آتے ہیں اور مفاد حاصلہ و موقع پرستی کے خول سے باہر نہیں نکلتے ان میں حرام وحلال کی تمیز ختم ہوتی جارہی ہے وہ اپنے وعظ اور بیان میں کہتے کچھ ہیں اور

ن کا اپنا عمل کچھ اور ہوتا ہے۔

یہی وہ حالات ہیں جن سے ہمارے معاشرہ کی صورت مسخ ہوگئی ہے اور یہ وہ حالات ہیں جن سے ہر کوئی واقف ہے۔ سب کو اس بات کا احساس ہے کہ ہمارے معاشرے میں برائیاں تیزی سے پھیل رہی ہیں لیکن ہم میں ایک بھی شخص ایسا نہیں ہے جو ان برائیوں اور خرابیوں کے لئے خود کو بھی ذمہ دار سمجھے۔ اگر ہم خود کو بھی اس معاشرہ کا حصہ سمجھتے ہیں تو اس میں موجود خرابیوں اور برائیوں کیلئے بھی خود کو اس کا حصہ دار سمجھیں ور ذاتی طور پر اپنے آپ کو سدھاریں تو کوئی تعجب نہیں کہ ہمارا معاشرہ پھر سے بہتر اور مثالی معاشرہ بن جائے۔ ایسا کرنے سے معاشرہ میں موجود سبھی خرابیاں اور برائیاں ختم ہو جائیں گی۔ لیکن یہاں ہوتو یہی رہا ہے کہ ہر برائی کے لئے ہم دوسروں کو تو ذمہ دار ٹہراتے ہیں اور اپنے گریبان میں جھانک کر نہیں دیکھتے دوسروں کی طرف ہماری انگلی تو اٹھ جاتی ہے۔ اور اپنی برائی اور خرابی کی ہم پردہ پوشی کر دیتے ہیں۔ ان حالات میں معاشرہ کا سدھار کیونکر ممکن ہے۔ اس بات پر ہم کو ٹھنڈے دل سے غور وفکر کرنے اور صحیح طرز عمل اپنانے کی ضرورت ہے۔ اللہ تعالیٰ ہمیں صحیح سوچ اور نیک عمل کی توفیق عطا فرمائے اور ہمارے معاشرے کے سدھار کیلئے ہمیں کام کرنے کے قابل بنائے۔ (آمین)

01-04-2005

....

ہم مستجاب الداعوت کیوں نہیں ہیں۔

حضرت سعد بن ابی وقاصؓ نے درخواست کی کہ اے اللہ کے رسولؐ میرے لئے اللہ سے دعاء کردیجئے کہ وہ مجھے مستجاب الداعوت بنادے (یعنی میری ہر دعاء قبول ہو جائے) رسول اکرمؐ نے ارشاد فرمایا کہ اے سعد اپنا کھانا پاک اور حلال رکھو اللہ تمہیں مستجاب الداعوت بنا دیگا، پھر آپؐ نے فرمایا قسم ہے اُس ذات کی کہ جس کے قبضہ میں محمدؐ کی جان ہے، کہ آدمی ایک لقمہ حرام کھاتا ہے جس کی وجہ سے چالیس دن تک اُسکا کوئی عمل بارگاہ الٰہی میں مقبول نہیں ہوتا اور جس آدمی کا گوشت حرام کھانے سے پلے بڑھے تو آگ اُس کو جلانے کی زیادہ مستحق ہے رسول کریمؐ کی ان احادیث کی روشنی میں ہم کو اپنا محاسبہ کرنے کی ضرورت ہے، کہ ہماری روز و شب کی دعائیں بارگاہ الٰہی میں کیوں قبول نہیں ہو رہی ہیں۔؟ آج ہمارے گھر کا ہمارے بچوں کا ہمارے معاشرہ کا اور ہمارے ماحول کا کیا حال ہے، ہم میں حلال اور حرام کی کس قدر تمیز باقی رہ گئی ہے، ہماری تعیش بھری زندگی آخر کس قسم کی کمائی سے چل رہی ہے، ہماری آمدنی میں رشوت کا کتنا دخل ہے، ہم دوسروں کا کتنا مال ہڑپ کر رہے ہیں، دوسروں کی کتنی حق تلفی کرتے ہوئے اپنا گھر بھر رہے ہیں، اگر یہ سب کچھ خدا اور رسول خدا کی مرضی اور منشاء کے اور اُنکے بتائے ہوئے راستے کے خلاف ہے، تو پھر ہماری دعائیں کیوں کر قبول ہونگی۔؟ ہم اگر اللہ اور اللہ کے رسول کے نافرمان ہیں تو پھر ہم پر عذاب نہیں آئیگا۔؟ ہم فرقہ وارانہ فسادات کا اور آفات ارض وسما کا شکار نہیں ہونگے۔؟ ہمارے گھروں سے برکت اور محبت نہیں چلی جائیگی۔؟

ہم اور ہمارے اہل و عیال بیماریوں میں مبتلا ہو کر داوا خانوں کے اطراف نہیں گھومینگے۔؟ ہم پر پولیس اور عدالتوں کی لعنتیں نہیں قبضہ جمائینگی۔؟ حرام کی کمائی کھا کر ہمارے اہل و عیال باغی اور نافرمان نہیں ہونگے۔؟ ہماری آنکھوں سے نیندیں غائب نہیں ہونگی۔؟ ہمارے دلوں سے سکون اور قرار نہیں جاتا رہیگا۔؟

حضورؐ نے فرمایا ھیکہ حرام کے ایک لقمہ سے چالیس دن تک کے اعمال بارگاہ الٰہی میں مقبول نہیں ہوتے، اب سوچئے کہ جس کی پوری زندگی حلال اور حرام کی تمیز کے بغیر گذر رہی ہو اُسکا بارگاہ الٰہی میں کیا مقام ہوگا، اور پھر کیا انجام ہوگا، آج کے اس مادہ پرست دور میں ہم سے ہمارا سب کچھ چھین لیا گیا ہے، ہم سے اچھے برے کی تمیز چھین لی گئی ہے، ہمیں بھی دین داروں کی صفوں سے نکال کر دنیاداروں کی صفوں میں کھڑا کر دیا گیا ہے، ہم مال و دولت ہی کو سب کچھ سمجھ رہے ہیں اور ہر اچھے برے طریقے سے بس مال کمانے اور اُسے خواہشات پر خرچ کرنے کی فکر میں جٹے ہوئے ہیں، ہم نے اللہ کو اپنا رزاق سمجھنا چھوڑ دیا ہے، اور خود پر اور اپنے کمائے ناجائز مال پر بھروسہ کرنے لگے ہیں۔ اب تباہی نہیں آئیگی تو کیا ہوگا، اللہ کا عذاب مختلف صورتوں میں آتا ہے، بیماریاں، جھگڑے فساد، اہل و عیال کی نافرمانی، گھروں سے برکتوں، دلوں سے سکون کا اور رشتوں سے محبتوں کا ختم ہو جانا بھی اللہ کا عذاب ہی ہے۔

بس اسے سمجھنے کی ضرورت ہے، اللہ ہمیں صحیح سمجھ اور نیک عمل کی توفیق دے، ہمیں حرام لقمہ سے بچائے اور ہماری دعاؤں کو شرف قبولیت سے نوازے۔

1-06-2006

اُردو میڈیم کے سرکاری مدارس

حیدرآباد کے اردو میڈیم کے سرکاری مدارس کی کارکردگی اور وہاں کے تعلیمی معیار کا جائزہ لینے کی غرض سے ایک کمیٹی کے چند ارکان نے بعض مدارس کا سروے کیا ہے۔ اس دوران جب وہ لڑکیوں کے ایک ہائی اسکول میں پہنچے اور دسویں جماعت کا معائنہ کیا۔ انہوں نے دیکھا کہ جماعت میں (۵۲) باون طالبات موجود ہیں۔ جب ان سے سوال کیا گیا کہ ہمارے ملک کے موجودہ وزیر اعظم کا کیا نام ہے؟ جو لڑکیاں وزیر اعظم کا نام جانتی ہیں وہ اپنے ہاتھ اٹھائیں (۵۲) لڑکیوں میں صرف دس لڑکیوں نے اپنے ہاتھ اٹھائے۔ ایک لڑکی کو کھڑا کر کے پوچھا گیا تو اس نے وزیر اعظم کا نام صحیح بتایا مگر جب اس سے یہ پوچھا گیا کہ وزیر اعظم ابھی حال ہی میں کس ملک کا دورہ کر کے لوٹے ہیں تو اس لڑکی نے اس کا غلط جواب دیا صحیح جواب کسی کو بھی معلوم نہیں تھا۔ پھر جب ان لڑکیوں سے یہ پوچھا گیا کہ ٹیلی سیریئل ''ساس بھی کبھی بہو تھی'' کس چیانل پر آتا ہے تمام (۵۲) لڑکیوں نے ایک آواز میں اس چیانل کا صحیح نام بتا دیا۔ اس ٹیم نے جب ایک اور اسکول کا دورہ کیا تو وہاں بھی یہی حال تھا جب اس اسکول کے اساتذہ سے پوچھا گیا کہ ان سرکاری مدارس میں تعلیم کا معیار اس قدر پست کیوں ہے؟ تو انہوں نے بتایا کہ بچے پرائمری سطح پر صحیح تعلیم حاصل نہیں کر رہے ہیں وہاں انہیں بغیر پڑھائے ہی کامیابی دے دی جاتی ہے اور جب یہ بڑی جماعتوں میں پہنچ جاتے ہیں تو کچھ بھی لکھنے پڑھنے کے اہل نہیں رہتے دسویں جماعت کے بچوں کو مادری زبان اردو بھی ہجے کر کے

پڑھانا پڑتا ہے۔ یہ بچے حساب میں جمع تفریق، ضرب تقسیم کی علامتوں سے تک واقف نہیں ہوتے۔ ان اساتذہ کا کہنا تھا کہ اب دسویں جماعت میں تو انہیں ہم دوسری جماعت کا نصاب تو نہیں پڑھا سکتے۔ان کی اس بنیادی کمزوری کے ذمہ دار پرائمری سطح کے اساتذہ ہیں۔وہاں زیادہ توجہ کی ضرورت ہے۔

اب سوال یہ پیدا ہوتا ہے کہ اس تباہی کے ذمہ دار کون ہیں۔ پرائمری سطح کے اساتذہ مڈل سطح کے اساتذہ، ہائی اسکول سطح کے اساتذہ یا پھر والدین جو بچوں کی تعلیم کی طرف سے غفلت کا مظاہرہ کرتے ہیں۔

ریاست بھر میں اردو تنظیمیں اس بات کی کوشش کررہی ہیں کہ بچوں کو اردو میڈیم میں داخلہ دلانے کے لئے والدین کو راضی کریں۔ ہر شہر ہر گاؤں میں ایسی تحریکیں چلائیں کہ اردو میڈیم میں بچے تعلیم حاصل کرنے کے لئے آگے آئیں یہی نہیں سرکار سے بھی اردو میڈیم مدارس کو زیادہ سے زیادہ بنیادی سہولتیں فراہم کرنے کیلئے نمائندگیاں کی جاتی رہتی ہیں، اردو میڈیم مدارس کے اساتذہ کی خالی جائیدادوں کو اردو میڈیم اساتذہ ہی سے پر کرنے کیلئے کوششیں کی جاتی رہتی ہیں۔اور خود اردو میڈیم کے ان مدارس میں تعلیمی معیار کا یہ حال ہے تو پھر اردو میں تعلیم کو عام کرنے کیلئے کی جانے والی یہ تمام کوششیں رائیگاں ہی ہوتی رہینگی، اردو میڈیم کے اساتذہ کو چاہیے کہ وہ اپنی ذمہ داریوں کو سمجھیں کہ ان پر ساری قوم کے مستقبل ہی کا نہیں بلکہ اپنی زبان اپنی تہذیب کے تحفظ کی ذمہ داری بھی عائد ہوتی ہے۔

01-04-2005

فرقہ وارنہ فسادات اور مرکزی حکومت

مرکزی حکومت ملک میں ہونے والے فرقہ وارنہ فسادات پر قابو پانے کے اقدامات کے طور پر آئے دن کوئی نہ کوئی اعلان کر کے ملک کی اقلیتوں کو جو مسلسل اٹھاون سالوں سے فسادات کی زد پر ہیں، زبانی طور پر سکون پہنچانا چاہتی ہے۔ کبھی اینٹی فسادات اسکاڈ قائم کرنے کا اعلان کیا جاتا ہے، کبھی فسادات سے متاثر اضلاع کے ذمہ دار عہدیداروں جیسے ضلع کلکٹر اور مہتم پولیس کے خلاف قانونی کاروائی کرنے کی بات کی جاتی ہے، کبھی ریاستی حکومت سے جواب طلب کرنے کی باتیں ہوتی ہیں، لیکن آج تک بھی عملی طور پر کچھ نہیں ہوا ہے، اب مرکز میں محکمہ اقلیتی بہبود کے قیام کے بعد اور اس محکمہ کے وزیر کے طور پر سینئیر کانگریسی لیڈر عبدالرحمٰن انتولے کو مامور کئے جانے کے بعد جناب عبدالرحمٰن انتولے نے بھی بحیثیت ملک کے پہلے وزیر اقلیتی بہبود فسادات کے انسداد کے لئے پنا ایک پروگرام پیش کیا ہے، لیکن اس بات کی پوری توقع ہے کہ اُنکا یہ منصوبہ بھی ٹائیں ٹائیں فش کے سوا اور کچھ نہ ہوگا، کیونکہ مرکزی حکومت اس معاملہ میں سنجیدہ نظر نہیں آتی اس لئے کہ آزادی کے بعد سے آج تک ایک بھی اینٹی فساد اسکاڈ نے کوئی کارنامہ انجام دیا نہ ہی انتظامیہ سے متعلق عہدیداروں سے باز پرس کی گئی ہے، اور نہ ہی کبھی کسی ریاستی حکومت سے حقیقی معنوں میں جواب طلب کیا گیا ہے، اگر حکومت فسادات پر قابو پانے کے سلسلہ میں سنجیدہ ہوتی تو اسے سب سے پہلے ان عناصر کیخلاف قانونی کاروائی کرنا چاہیے تھا جو فسادات کے محرک بنتے ہیں، ان تنظیموں کے خلاف....

کاروائی کرنی چاہیے تھی جو فسادات کی منصوبہ بندی کرتی ہیں، ان پولیس والوں کے خلاف اقدامات کرنا چاہیے تھا جو ان فسادیوں کو بچانے کیلئے سرگرم عمل ہو جاتے ہیں، ملک میں کھلے عام فسادات کے منصوبہ بنائیں جاتے ہیں، فسادات کروانے کیلئے ہندوؤں اور مسلمانوں کے مذہبی مقات کی منصوبہ بند طریقہ پر بے حرمتی کی جاتی ہے، عوام کے جذبات کو بڑھکایا جاتا ہے، اور چھوٹا سا واقعہ ایک بھیانک فساد کا روپ اختیار کرلیتا ہے، یہ سب کچھ حکومت کو نظر نہیں آتا وہ بس دل بہلانے والے بیانات دیکر خوش کرنے کی پالیسی پر کار بند ہے۔ حکومت کیا یہ نہیں جانتی کہ وشوا پریشد کے قائدین مسلمانوں کی دلآزاری کرنے اور ہندوؤں کو مسلمانوں کے خلاف اکسانے اور بھڑکانے والے بیانات دیتے ہیں، اور ماحول کو خراب کرنے میں کوئی کسر نہیں چھوڑتے. کیا حکومت یہ بھی نہیں جانتی کہ بجرنگ دل، ودھیارتی پریشد شیوسینا اور آرایس ایس کے کیمپوں میں فسادات کی منصوبہ سازی ہوتی ہے، اور اس پر عمل آواری میں ضلع انتظامیہ ور پولیس اس کا حصہ بنتی ہے، دور کیوں جائیں ابھی پچھلے چند ماہ پہلے پربھنی اور پورنہ شہر کی مساجد میں بم پھینکے گئے ناندیڈ میں ایک بی جے پی لیڈر کے مکان میں بم بنائیں جا رہے تھے۔ جہاں حادثہ کی وجہ دو افراد ہلاک ہوئے تھے وہاں چند جھبے اور نقلی داڑھیاں بر آمد ہوئی تھیں، ان تمام واقعات کے ذمہ دار آج بھی آزاد گھوم رہے ہیں، اور پولیس ان اقعات کی پردہ پوشی میں مصروف ہے، ابھی چند دنوں قبل ناگپور میں آرایس ایس کے ہیڈ کوارٹر پر حملہ کا ڈرامہ نہیں کیا گیا تھا، وہ تو اچھا ہوا کہ عوام نے اس پلاننگ کو سمجھ کر اس سے

متاثر ہونا ضروری نہیں سمجھا، ورنہ اس واقعہ کی وجہ ملک کی فرقہ وارانہ صورتحال متاثر ہوجاتی، اور جگہ جگہ فسادات کا سلسلہ شروع ہوجاتا ایسے واقعات آئے دن ہوتے رہتے ہیں، حکومت اور پولیس ایسے واقعات پر چشم پوشی کیوں اختیار کرلیتی ہے یہ ایک حل نہ ہونے والا سوال ہے، اگر حکومت واقعی فسادات پر قابو پانا چاہتی ہے تو اسے ایسے واقعات اور انکے پس پردہ عناصر کو پتہ لگا کر انکے خلاف قانونی کارروائیاں شروع کرنا ہوگا۔ ورنہ زبانی بیانات سے اور نا قابل عمل منصوبوں سے کچھ ہونے والا نہیں، آج اقلیتیں اپنا شعور بیدار رکھے ہوئے ہے۔ وہ حکومت کے ان بیانات سے خوش نہیں ہوگی، بلکہ وہ تو ان عناصر کے خلاف حکومت کو متحرک ہوتا ہوا دیکھنا چاہتی ہے ۔

01-07-2006

حضور ﷺ کی ایک حدیث پاک

حضرت علی کرم اللہ وجہہ نے رسول اللہ ﷺ سے روایت فرمائی ھیکہ ایک مرتبہ آپ ﷺ نے حاضرین سے پوچھا تمہارا کیا حال ہوگا جب تمہارے نوجوان فسق و فجور میں مبتلا ہو جائینگے اور تمہاری عورتیں خودسر ہو جائینگی۔ صحابہؓ کرام نے حیرت زدہ ہوکر عرض کیا اے اللہ کے رسول ﷺ کیا واقعی ایسا ہو جائیگا۔؟ آپ ﷺ نے فرمایا ہاں بلکہ اس سے بھی بڑھ کر خرابیاں پیدا ہونگی تو تم کیسا محسوس کروگے جب تم اچھائی کی تعلیم اور برائی کی خرابیاں سے بچنے کی تربیت دینا ترک کردوگے صحابہؓ نے حیرت سے کہا کہ اے اللہ کے رسول ﷺ کیا ایسا زمانہ بھی آئیگا۔؟ فرمایا ہاں بلکہ اس سے بھی بڑھ کر تمہیں کیسا لگے گا جب تمہاری آنکھوں کے سامنے اچھائی برائی بن جائیگی اور برائی کو اچھائی قرار دیا جائیگا۔

اس حدیث مبارکہ میں میرے آقا ﷺ نے تین باتیں بتائیں، ایک یہ کہ جب تمہارے نوجوان فسق و فجور میں مبتلا ہو جائینگے اور تمہاری عورتیں خودسر ہو جائینگی دوسری یہ کہ جب تم اچھائی کی تعلیم دینے اور برائی سے بچنے کی تربیت دینا ترک کردوگے اور تیسری یہ کہ جب تمہاری آنکھوں کے سامنے اچھائی برائی بن جائیگی اور برائی کو اچھائی قرار دیا جائیگا۔ اس حدیث پاک کی ہر بات ایک کھلی حقیقت اور سچائی بن کر آج ہمارے سامنے کھڑی ہوئی ہے، آج ہمارے نوجوان کس قدر آوارہ مزاج بن گئے ہیں، یہ جب بھی بات کرتے ہیں، تو وہ بات غصہ اور گالی سے شروع ہوتی ہے،

دوستوں میں ہنسی مذاق بھی گندی گندی گالیوں اور ڈھول ڈھپے میں چلتا ہے، ادب، احترام، لحاظ، شرافت، محبت، ملنساری، تہذیب و اخلاق آج کے نوجوانوں میں ڈھونڈے سے بھی نہیں ملتے کیونکہ اس حدیث پاک کی دوسری بات کے مطابق ہم ان کو اچھائی کی تعلیم دینے، اور برائی سے بچنے کی تربیت دینا بھول گئے ہیں، وہ جس ماحول اور معاشرے میں پل بڑھ رہے ہیں، ان پر اسی کا رنگ چڑھ رہا ہے، وہ وہی اثر قبول کر رہے ہیں، اگر انہیں ادب و لحاظ، تہذیب و اخلاق سکھائے جاتے تو وہ ان تمام برائیوں سے محفوظ رہتے لیکن ہم نے تو انکی تربیت کرنا ہی چھوڑ دیا ہے، ہماری عورتوں کا آج کیا حال ہے، وہ کس قدر خودسر اور فیشن پرست بن گئی ہیں، پردہ کا رواج ختم ہونے کے بعد ان میں ہر برائی در آئی ہے اور اب تو یہ حال ھیکہ خود مرد حضرات ان کے سامنے بے بس ہیں، حضورﷺ نے فرمایا ھیکہ ہمارے سامنے ہر برائی اچھائی بن جائیگی اور اچھائی کو برا قرار دیا جائیگا ان باتوں کا صحیح منظر ہمیں شادی بیاہ اور دیگر تقاریب کے موقعوں پر دیکھنے کو ملتا ہے۔ جو برائیاں تھیں اُنکا رواج عام ہو کر انہیں اچھا سمجھا جانے لگا ہے۔ اور اچھائیوں کو دقیانوسیاں قرار دیا گیا ہے۔

اللہ ہمیں صحیح سمجھ اور عمل کی توفیق عطاء کریں اور ہمارے نوجوانوں اور ہماری عورتوں کی حفاظت کرے۔ (آمین)

01-05-2003.

یہ سب کیا ہو رہا ہے؟

ملک کو آزادی دلانے والوں نے کتنی قربانیاں دی ہیں، اُنکی آنکھوں میں آزادی کے کتنے خواب تھے جن کو لیے ہوئے انہوں نے جیل کی صعوبتیں برداشت کیں۔اپنی عزیز جانیں گوائیں کہ آزاد ہندوستان ایک خوشحال ملک ہوگا، یہاں کے بھوکے ننگے عوام کو پیٹ بھر روٹی ملے گی تن ڈھانکنے کپڑا ملیگا سب کے سروں پر چھت ہوگی، اُنکا سیاسی، سماجی، یا مذہبی سطح پر استحصال نہ ہوگا، لیکن آزادی کے اٹھاون برس بعد آج اس ملک کا جائزہ لیں تو ایسا معلوم ہوتا ہیکہ آزادی کی خاطر قربانیاں دینے والوں اور اپنی جانیں لٹانے والوں کے خوابوں کی تعبیریں اُلٹی ہوگیں، آج بھی لوگ یہاں غربت کی سطح سے نیچے زندگی گزار رہے ہیں، آج بھی یہاں لوگ بھوکے ننگے ہیں، کھلے آسمان کے نیچے فٹ پاتھوں پر زندگی گزارنے پر مجبور ہیں، پہلے کے مقابلہ میں آج انکا سیاسی، سماجی اور مذہبی استحصال زیادہ ہو رہا ہے، وہ بھوک بے روزگاری اور سماجی نا انصافی کا شکار ہیں، اس کی سب سے بڑی وجہ ہے نیچے سے اوپر تک ہر سطح پر کھلا بھرشٹا چار، خودغرضی، مفاد پرستی اقرباء پروری، اقتدار کی ہوس دولت کی ہوس۔۔۔گزشتہ پندرہ بیس برسوں میں اس ملک میں بے شمار گھپلے ہوئے ہیں، ان میں سے چند ہی گھپلے سامنے آئے ہیں، ان گھپلوں میں کئی ہزار کروڑ روپے ہضم ہوگئے ہیں، جو گھپلے سامنے آئے ہیں، ان میں کبھی بوفورس گھپلے ہیں، کبھی کھاد کی خریداری کے گھپلے ہیں، کسی کو شوگر اسکام کہا گیا ہے، تو کوئی چارہ اسکام کے نام سے مشہور ہوا ہے، کوئی تہلکہ گھپلے کے نام سے بدنام ہوا ہے، گھپلہ باز کی حیثیت سے کبھی یہاں چیف منسٹر بہار (سابق) لالو پرساد یادو کا نام آتا ہے، کبھی چیف منسٹر تامل ناڈو (سابق) مس جے للیتا کا نام، کبھی سابق وزیراعظم پی وی نرسمہاراؤ بدنام ہوئے ہیں، کبھی بھارتیہ جنتا پارٹی کے صدر۔۔۔

بنگارو لکشمن ،تو کبھی شیر بروکر ہرشد مہتا چور بن کر سامنے آئے ہیں،(تابوتوں) کی خریداری کے گھپلوں میں ملوث سابق وزیر دفاع مسٹر جارج فرنانڈیز نے بھی خوب شہرت پائی ہے، ان کے علاوہ نہ جانے اور کتنے گھپلے اور کتنے نام سامنے آئے ہیں اور مستقبل میں آتے رہینگے ، اور نہ جانے کتنے کروڑ ڈالرس یہ چور اور بدعنوان لیڈر اب تک ہضم کر چکے ہیں، اور نہ جانے آئندہ اس ملک کی اور کتنی دولت یہ چور لیجا کر اپنے نام سے(سوئیز) بنکوں میں جمع کر دینگے۔

جب ملک غلام تھا تو انگریز حکمران یہاں کی دولت بٹور کر اپنے ملک کو لے جاتے رہے، اور اب اس آزاد ملک میں یہ بدنما داغ دار چہرے جو سفید کپڑوں میں ملبوس ہیں جو عوام کی جانب سے بخشی ہوئی کرسیوں پر براجمان ہیں۔ یہ سونے اور چاندی کے اینٹ نگل رہے ہیں۔ سوئز بنکوں میں یہاں کی دولت پہنچا رہے ہیں، انہیں کوئی روک ٹوک نہیں ہے، آج تک بھی کسی گھپلے باز کو یا سیاسی چور کو کوئی سزا نہیں ملی جو گھپلہ بازی منظر عام پر آئی ہے بس عوام اُسی سے واقف ہیں، انکی تحقیقات کے نام پر تماشہ ہوتا رہا، اور اس میں برسوں لگ گئے ، اور جو گھپلہ بازی منظر عام پر نہیں آئی وہ چور تو آج بھی مزے میں ہیں، یہ سلسلہ آزادی کے بعد سے آج تک جاری ہے، اور اب تو سیاسی لوٹ کھسوٹ کی ملک میں دوڑ لگی ہوئی ہے، نہ جانے یہ سلسلہ کب تک یوں ہی چلتا رہیگا، نہ جانے یہ لوگ اس ملک کو اور یہاں کے غریب عوام کو کس مقام پر لا کر چھوڑ ینگے، کون ہے یہ سب سوچنے والا کون ہے ۔۔۔؟ اسے روکنے والا کون ہے ۔۔۔؟ انہیں سزا دینے والا ۔۔؟ عوام تو ایسا کر نہیں کر رہے ہیں، بلکہ وہ تو انہیں ووٹ دیکر اقتدار پر پہنچا رہے ہیں۔

1-04-2001

مسلم حکمرانوں کی بے حسی۔ لمحہ فکر

حیدرآباد میں پچھلے دنوں ایک سیمنار منعقد ہوا تھا، جس کا موضوع تھا ''مسلم دنیا عراق جنگ کے بعد'' اس سیمنار میں مختلف تنظیموں اور مختلف نظریات سے وابستہ مسلم دانشوروں نے آج کے مسلم ممالک کے حالات اور انکے سربراہوں کی مسلم ممالک کے مسائل سے عدم دلچسپی پر سیر حاصل گفتگو کی ان دانشوروں کا یہ خیال ھیکہ عراق کی جنگ ابھی ختم نہیں ہوئی ہے یا پھر یہ جنگ ایک نئے دور میں داخل ہوئی ہے، اس جنگ کی وجہ مسلم دنیا ایک اہم موڑ پر پہنچ گئی ہے، اور سارے عالم اسلام میں ایک تلاطم! ایک ہلچل ایک اضطراب کی صورتحال ہے، اکثر مسلم ممالک میں حکمرانوں اور عوام کی فکر میں کھلا تضاد ہے، سوال یہ ھیکہ انڈونیشیا سے مراقش تک (57) ستاون مسلم ممالک اور ان سے ہٹ کر بھی دیگر مسلم ممالک کے حکمران کون ہیں، اور وہ کن کے اشاروں اور مرضی کے مطابق حکمرانی کر رہے ہیں، عراق جنگ میں لاکھوں مسلمانوں کا قتل ہوا اور ایسے دردناک حالات کا انہیں سامنا کرنا پڑا جن کی صحیح تصویر دنیا کے سامنے نہیں لائی گئی، اس تعلق سے مسلم دنیا میں جو مثبت ردِعمل ہونا تھا وہ بھی نہیں ہوا امریکہ چاہتا ہے کہ اسرائیل کو اس طرح مضبوط اور طاقتور بنایا جائے کہ وہ پورے عرب ممالک کو دبا کر رکھ سکے، سعودی عرب اور دیگر عرب ممالک پٹرول کی دولت سے مالا مال ہیں، دنیا میں پٹرول کے جتنے زخائر دریافت ہوئے ہیں، اسکا پچیس فیصد سعودی عرب میں موجود ہے، صرف ایک سال میں سعودی عرب کو پٹرول کی وجہ سے دوسوارب ڈالرز کی زائد۔۔

آمدانی ہوئی ہے، اس بے پناہ دولت کا استعمال کیسے ہو رہا ہے، اس کا جواب افسوس ناک ہے، سعودی عرب (18) ارب ڈالرز ہتھیاروں پر خرچ کرتا ہے ،اور ان ہتھیاروں کے استعمال کی نوبت ابھی تک نہیں آئی ہے، یہاں خوشحالی کا معیار کھوکھلا ہے، بیرونی کمپنیوں کے ہاتھوں بلند و بالا عمارتوں کی تعمیر آرائش و آسائش، امپورٹیڈ گاڑیوں کا نئی تعمیر کردہ سڑکوں پر دوڑنا بھی ترقی کا معیار سمجھا گیا ہے، جبکہ یہاں کی (22) فیصد آبادی ناخواندہ ہے، اور پچیس (25) فیصد لوگ بیروزگار ہیں۔ ترکی دولت کے معاملہ میں ایک اوسط ملک ہے، لیکن وہ دو عرب ڈالر صرف دفاع پر خرچ کرتا ہے۔ پاکستان کو واحد نظریاتی ملک کہا جاتا ہے۔ جہاں 22% فیصد آبادی خطِ غربت سے نیچے زندگی گزار رہی ہے، اور باون فیصد (52%) لوگ انپڑھ ہیں، لیکن وہ اربوں ڈالرز ہتھیاروں پر خرچ کرنے پر مجبور ہے اور امریکہ کا دست نگر ہے، یہ پوری صورتحال غلط ترجیحات کی ایک مثال ہے، دوسری طرف تھائی لینڈ، برما، فلپائن اور چیچنیا میں مسلمانوں کے خلاف کشمکش جاری ہے، اس صورتحال کا مقابلہ کرنے کیلئے مسلم دنیا کو کیا حکمت عملی اختیار کرنی چاہیے یہ ایک بنیادی لیکن پیچیدہ سوال ہے مسلم دنیا میں ایک ردِ عمل یہ ہیکہ عوام افسردگی اور غیر یقینی کا شکار ہیں، اس سمینار میں اس بات پر بھی روشنی ڈالی گئی ہیکہ امتِ مسلمہ ایک روحانی حقیقت ہے، اور اس روحانی حقیقت کو ایک زندہ اور عملی حقیقت کا روپ دینے کی ضرورت ہے اس تعلق سے مسلم حکمران ناکام ثابت ہو رہے ہیں۔ مسلم عوام کے احساسات کی تشکیل کی راہیں بھی ابھی متعین نہیں ہوئی ہیں۔

ہمارا رویہ عموماً جذباتی رہا ہے، اور اسے مذہب سے ایسا جوڑ دیا گیا ہے، کہ اس کی وجہ سیاسی معاشی اور سماجی پہلو نظر انداز ہو گئے ہیں، ہمارا رشتہ (57) ستاون مسلم مما لک ہی سے نہیں ہے بلکہ ان سے آگے بھی ایک دنیا ہے اس سے ہمارے رشتوں کو ہموار کرنے کی ضرورت ہے، اس خصوص میں مسلم دنیا کی بے حسی اور غفلت افسوس ناک ہے، سمینار میں یہ سوال بھی اٹھائے گئے ہیں، کہ جب افغانستان پر حملہ ہوا تھا تو کیا کسی مسلم حکمران نے اس کے خلاف آواز اٹھائی تھی اس کے بارے میں مسلم دنیا میں سناٹا کیوں ہے، ذرائع ابلاغ میں آج شام اور ایران پر جارحیت کی بات عام ہے، اس تعلق سے مسلم دنیا خاموش کیوں ہے۔

یہ سمینار جو حیدرآباد شہر میں ہوا تھا، اور اس میں جو باتیں سامنے آئی ہیں، اسکی گونج ساری مسلم دنیا میں پہنچنی چاہیے اور ان تمام مسلم مما لک کے عوام اپنے ملکوں کے ان بے حس اور بے ضمیر حکمرانوں کے دلوں کو جھنجوڑیں کہ اٹھو اور اب حالات کو سمجھ کر انکا مقابلہ کرو کہ دنیا میں مسلمانوں کی کچھ تو ساکھ باقی رہ جائے۔ اللہ ان مسلم حکمرانوں کو صحیح سوچ اور عمل کی توفیق عطا کرے (آمین)

01-12-20005.

جہیز ایک مسئلہ

چند برس قبل کی بات ہے مجھے ایک مشاعرے میں ۔ دیولالی کیمپ، ضلع ناسک مہاراشٹرا مدعو کیا گیا تھا، مشاعرے میں قرب وجوار کے علاقوں کے سامعین بھی بڑی تعداد میں آئے تھے۔ سامعین میں سے ایک صاحب نے جو مالیگاوں کے رہنے والے تھے مجھ سے دریافت کیا کہ آپ وہی جمیل نظام آبادی ہیں جن کا یہ شعر ہے۔

بیٹی تجھے خرید کے شوہر دیا گیا | رکھنا اسے سنبھال کے ہے قیمتی بہت

جب میں نے بتایا کہ یہ میرا ہی شعر ہے تو انہوں نے کہا کہ واقعی شعر بہت اچھا ہے یہ ایک شعر ہی نہیں بلکہ حقیقت بیانی ہے، جہیز کا مسئلہ واقعی آپ کے علاقہ میں (ان کی مراد شہر حیدرآباد اور اسکے پڑوسی اضلاع سے تھی) ایک سوالیہ نشان بنا ہوا ہے اسی لئے سنا ہے کہ صرف شہر حیدرآباد میں لاکھوں لڑکیاں کنواری بیٹھی ہیں اور اس تعداد میں روز اضافہ ہی ہوتا جارہا ہے۔ میں نے کہا ہے کہ ہاں یہ ہمارے علاقہ کا بہت بڑا المیہ ہے۔ پھر میں نے اُن سے سوال کیا کہ آپ کے علاقہ (مالیگاوں وغیرہ) میں کیا حال ہے. انہوں نے بتایا کہ اللہ کا یہ بہت بڑا کرم ہے کہ جہیز کی یہ لعنت ہمارے علاقے تک نہیں پہنچی ۔ یہاں شادی بہت آسانی سے ہو جاتی ہے۔ جب کسی لڑکے والے کو اپنے بیٹے کیلئے کوئی لڑکی پسند آتی ہے تو وہ لڑکی کے باپ سے مل کر کہتا ہے کہ بھائی میرا لڑکا اس قدر پڑھا لکھا دیندار ہے فلاں جگہ کام کرتا ہے ماہانہ اتنا کما لیتا ہے مجھے اس کے لئے آپ کی لڑکی کا رشتہ چاہیے اگر تمہیں پسند ہو تو بات آگے بڑھائی جائے۔ یہاں لین دین کی کوئی بات نہیں ہوتی ۔ دو چار کپڑوں کے جوڑے دونوں اپنے طور پر تیار کر لیتے ہیں ایک دو چھوٹے موٹے زیور بن جاتے ہیں، پلنگ، بستر، چند برتن وغیرہ جیسی بھی دلہن

کے باپ کی حیثیت ہو وہ دے دیتا ہے۔اس میں کوئی اعتراض کرنے والانہیں ہوتا۔ ہفتہ پندرہ دن کے اندر عقد ہو جاتا ہے۔عقد میں دونوں طرف کے پچیس پچاس افراد شریک ہوجاتے ہیں۔حسب حیثیت کھانا کھلایا جاتا ہے۔اور شادی ہو جاتی ہے۔

یہ سب سن کر میں حیرت میں پڑ گیا اور پھر ان سے دریافت کیا کہ شادی پر صرف دس تا پندرہ ہزار روپیے ہی خرچ ہوتے ہیں۔انہوں نے کہا کہ بعض وقت تو اس سے بھی کم رقم میں شادی ہو جاتی ہے۔میں سوچنے لگا کہ اتنی رقم تو ہمارے پاس لڑکی کو دیکھنے کیلئے آنے کے موقع پر یا پاؤں میز کی رسم کے موقع پر خرچ ہو جاتی ہے۔اور اوسط درجہ کی شادی میں تین تا پانچ لاکھ روپے خرچ ہو جاتے ہیں مالدار گھرانوں میں شادیوں پر کتنا خرچ ہوتا ہے۔ یہ بیان سے باہر ہے، یہی وجہ ہے کہ آج ہمارے علاقہ میں شادیاں مسئلہ بنی ہوئی ہیں ہر گھر میں دو تین لڑکیاں شادی کے انتظار میں بیٹھی ہوئی ملتی ہیں۔اب تو ایسی اطلاعات بھی مل رہی ہیں کہ یہ لڑکیاں اپنی شادیوں سے مایوس ہو کر بھٹکنے لگی ہیں۔اخبارات میں آئے دن ایسی خبریں شائع ہو رہی ہیں۔لیکن ہمارے معاشرہ پر اس کا کوئی اثر نہیں ہوتا۔ہم یہ سب دیکھ کر افسوس تو کر لیتے ہیں مگر اپنے معاشرہ کو سدھارنے کیلئے کچھ نہیں کرتے۔جہیز کی لعنت سے چھٹکارا پانے کے لئے آگے نہیں آتے۔ہمیں قوم کی بیٹیوں کے مستقبل اور ان کی زندگیوں کی کوئی فکر نہیں ہے۔اور ہمارا معاشرہ ہے کہ تیزی سے تباہ ہو رہا ہے،اللہ سے دعاء ہیکہ ہمیں صحیح توفیق عطاء فرمائے (آمین)

01-11-2003

مسئلہ فلسطین

ساری دنیا جانتی ھیکہ امریکہ اوراسرائیل کی بربریت کی وجہ سے پچاس لاکھ فلسطینی اپنے وطن سے باہر ہو گئے ہیں۔اپنے ملک کواسرائیل سے واپس حاصل کرنے کی جدو جہد میں لاکھوں فلسطینی شہید اور لاکھوں زخمی ہو گئے ہیں۔۔اسرائیل مسجد اقصیٰ (قبلۂ اول کی) مسلسل بے حرمتی کے درپہ ہے، یہاں اس کا ناجائز قبضہ برقرار ہے۔آج بھی اسرائیلی فوج نہتے فلسطینیوں پر ٹینکوں سے شل باری جاری رکھے ہوئے ہے۔دنیا میں اور بھی مقامات پر تشدداور تصادم کے واقعات ہوتے ہیں،ان واقعات میں فریقین اپنے آلات حرب کے ساتھ ایک دوسرے کے مقابل ہوتے ہیں۔آتشیں اسلحہ کا استعمال ہوتا ہے، دھماکے ہوتے ہیں بموں کا استعمال ہوتا ہے۔ایسے مضبوط مورچے تیار کر کے ایک دوسرے کے خلاف صف آرا ہوتے ہیں کہ جانی نقصانات کم سے کم ہوں، لیکن فلسطین کی سرزمین پر برسوں سے جو کچھ ہورہا ہے وہ سب سے الگ ہے۔ایک طرف نہتے فلسطینی مجاہدین (عوام) ہیں جنہوں نے صرف اپنے ہاتھوں میں پتھر اٹھائے ہوئے ہیں اور یہ سب کے سب بارہ تا بیس برس کی عمر کے درمیان کے وہ دیوانے ہیں جنھیں اپنی سرزمین پر ناپاک یہودیوں کا وجود پسند نہیں ہے۔اور دوسری طرف اسرائیل کی وہ فوج ہے جو عصری ٹکنالوجی کے استعمال کی بہترین تربیت سے آراستہ ہے۔اور ہر طرح کے جدید آتشیں اصلاح سے لیس ہے۔جواپنی طرز کی دنیا کی سب سے بہترین فوج سمجھی جاتی ہے،یہ فوج نہتے اور معصوم نوجوانوں کومنتشر کرنے کیلئے ان پر گولیاں برساتی ہے، ان پر اسرائیلی ٹینک اور دبابوں سے حملے کرتی ہے، ہیلی کاپٹروں کے ذریعہ ان پر گولیوں کی بارش کرتی ہے،آگ کے گولے برساتی۔۔۔۔

ہے،راکٹوں کی بوچھار کرتی ہے،معصوم فسطینیوں کے سینے چھلنی ہو رہے ہیں۔۔۔۔۔فلسطینیوں کوانکی سرزمین پر ہی موت کے گھاٹ اتارا جارہا ہے،اس کے باوجودامریکہ اوراسرائیل کے وفادار مغربی دنیا کے حکمران یہی کہتے ہیں کہ دونوں طرف سے تشدد کا سلسلہ برابر جاری ہے،وہ صرف زبانی جمع خرچ کرتے ہوئے کہتے ہیں کہ اس تشدد کوختم کیا جانا چاہیے،مگر عملی طور پر وہ کچھ نہیں کرتے ،اسرائیل تشدد کا الزام فلسطینیوں پر لگا تا ہے،اور کہتا ہے کہ فلسطین کی جانب سے یہ سلسلہ ختم نہیں ہو رہا ہے،امریکہ بھی یہی کہتا ہے کہ فلسطین عوام نے جارحانہ موقف اختیار کیا ہےاور انہیں اس جارحیت سے باز رکھنے کیلئے اسرائیل کوفوجی کاروائی کرنی پڑ رہی ہے،پتھروں سے ڈرا کرخود کا بچاؤ کرنے کی کوشش کرنے والوں کوامریکہ اوراسرائیل جارحیت کا نام دیتے ہیں،اور پتھروں سے حملہ کا جواب اسرائیل راکٹوں سے شل برسا کر دیتا ہے،یہی ہوتا رہا ہے فلسطین میں اور دنیا بھر کے عوام خاص طور پر عرب ممالک خاموش تماشائی بنے ہوئے ہیں،اسرائل کی تائید میں امریکہ اور ساری مغربی دنیاء لگی ہوئی ہے،اور دوسری طرف فلسطینی تنہا ہیں، انکا کوئی مددگار نہیں ،افسوس اس بات کا ھیکہ پٹرول کی دولت اپنے ہاتھ میں رکھنے کے باوجودعرب ممالک خاموش ہیں،وہ زبانی بیانات کے سوا کسی عملی مظاہرے کے لیے تیار نہیں ہیں،اگرعرب دنیاایک آواز میں فلسطینیوں کواُنکا حق دلانے کیلئے اٹھ کھڑے ہو جائے تو اسرائیل اوراس کے سرپرست امریکہ کومجبور ہونا ہی پڑیگا۔

اللہ سے دعاء ھیکہ وہ فلسطینیوں کی مدد پر آجائے انہیں اسرائیل کے تشدد سے بچائے اور بیت المقدس اورقبلہ اول مسلمانون کے حوالے ہوجائے (آمین)

01-11-2000

معرکۂ حق و باطل

حق و باطل میں معرکہ آرائی روز اول ہی سے ہوتی رہی ہے اور قیامت تک یہ سلسلہ یونہی جاری رہیگا۔ ہابیل ور قابیل سے شروع ہوا یہ سلسلہ موسیٰؑ اور فرعون سے آگے بڑھ کر کربلا سے ہوتا ہوا تاریخ کے مختلف ادوار سے گزرتا ہوا آج عراقیوں کو درپیش ہے، اور انشاء اللہ اس لڑائی میں ہمیشہ کی طرح جیت حق کی ہی ہوگی، اور ایک دن امریکہ اور اسکے حلیفوں کو منہ کی کھانی پڑیگی، آج سارے عالم اسلام کی دعائیں مظلوم عراقیوں کے ساتھ ہیں، ظالم امریکہ اور اسکے حلیف ملکوں نے عراق کے صدر صدام حسین پر یہ الزام عائد کیا ہیکہ صدام حسین نے کیمیاوی اور حیاتیاتی (جراثیمی) ہتھیاروں کا ذخیرہ کر رکھا ہے، اور ان خطرناک ہتھیاروں کی وجہ پوری دنیا بالخصوص امریکہ کو خطرہ لاحق ہے حالانکہ امریکی ماہرین نے پورے عراق میں ان ہتھیاروں کو تلاش کیا اور کوئی بھی ایسا ہتھیار برآمد نہ کر پائے عراق نے بھی ان ہتھیاروں کے اپنے پاس نہ ہونے کا اقوام متحدہ کو بار بار یقین دلایا، مگر ان ہتھیاروں کی موجودگی کو بہانہ بنا کر اقوام متحدہ کی مرضی کے خلاف امریکہ اور اسکے حلیف برطانیہ نے عراق پر زبردست بم باری شروع کردی اور حملوں کا یہ سلسلہ ایک دہے سے زیادہ مدت سے جاری ہے، اتحادی ممالک کے طیارے روزانہ سینکڑوں ٹن بارود میزائلوں اور بموں کی شکل میں عراق پر گراتے رہے اور بڑی تعداد میں جانی و مالی نقصانات کرتے رہے ہیں، سوال یہ ہیکہ اگر عراق کے پاس ایسے ہتھیار تھے تو وہ استعمال میں کیوں نہیں لائے گئے، یکطرفہ نقصانات کا یہ سلسلہ آخر کب تک جاری رہیگا، مہلک ہتھیاروں کا عراق کے پاس ہونا دراصل جنگ کا ایک بہانہ ہے، عراقی تیل کی بے بہا دولت کو اپنے قبضہ میں کرنے کے لئے امریکہ نے یہ جنگ شروع کی، لیکن اور وہ خود بھی پریشانی میں

جلا ہو گیا ہے، کیونکہ اس جنگ میں اس کے ہاتھ کچھ نہ لگا، اُلٹا دنیا کے دیگر کئی ممالک اس جنگ کی وجہ امریکہ اور برطانیہ سے ناراض ہو گئے ہیں، اُنکے اندازے کے خلاف یہ جنگ اُنکے لیے اتنی آسان ثابت نہیں ہوئی، اُنہیں ہر محاذ پر مقابلہ درپیش رہا، باز محاذوں پر تو اُنہیں دانتوں تلے چنے چبانے پڑے، اور اب یہ جنگ مستقل طور پر امریکہ کے گلے کا ہار بن گئی ہے، دنیا کے سارے امن پسند لوگوں نے اس جنگ کی مخالفت کی ہے خود امریکہ اور برطانیہ میں اس جنگ کے خلاف ریالیاں نکالی گئیں اور مظاہرے کئے گئے ہیں، صدر امریکہ جارج بش کے پتلوں کو نظر آتش کرتے ہوئے خود امریکی عوام نے اپنے غم وغصہ کا اظہار کیا ہے۔ اس جنگ نے یہ بات بھی ثابت کر دی ہے کہ آج دنیا بھر کے عوام میں بے داری پیدا ہو گئی ہے، انکا شعور جاگ گیا ہے، اب عوام کہیں بھی ظلم و زیادتی کو برداشت نہیں کرینگے، چاہے وہ کسی بھی سطح پر کیوں نہ ہو، اور یہ دنیا بھر کہ امن پسندوں کی کامیابی کی دلیل ہے، اس جنگ نے یہ بھی ثابت کر دیا ہے کہ دنیا بھر کے ممالک کے حکمرانوں کا ضمیر مردہ ہو گیا ہے، وہ اپنی پوری قوت سے اس جنگ کے خلاف آواز اٹھانے سے ڈرتے ہیں، بڑی طاقتوں سے بھیک یا امداد کی اُمید نے انکے حوصلوں کو کچل دیا ہے، خود عرب حکمرانوں کا برا حال ہے، دولت کی فراوانی نے انہیں بز دل بنا دیا ہے، امریکہ کے خلاف اس جنگ میں صف آراء ہونا تو کجا ان میں زبانی ہمدردی کرنے یا سچ بولنے کی ہمت بھی نہیں رہی، انکی اسی بزدلی خودغرضی اور اقتدار پرستی نے امریکہ کو شیر بنا دیا ہے، وہ جس پر چاہے جب چاہے حملہ آور ہو سکتا ہے، لیکن عراقیوں نے بھی یہ ثابت کر دیا ہے کہ سچ کے اور حق کے سامنے کوئی طاقت بہت زیادہ دیر تک ٹک نہیں سکتی، عراقی عوام ان مشکل حالات سے مردانہ وار مقابلہ کر رہے ہیں، ان میں بزدلی نام کی کوئی چیز نہیں ہے، بہادر اور مظلوم عراقیوں کو ہمارا سلام ۔۔۔ یقیناً فتح حق کی ہوگی۔ ہماری دعائیں عراقیوں کے ساتھ ہیں۔

01-04-2003.

حج عشق خداوندی اور محبت الٰہی کے اظہار کا بہترین ذریعہ

حضور نبی کریم ﷺ نے فرمایا ہے کہ ''حج مبرور کی جزا صرف جنت ہے۔جس شخص کو استطاعت حاصل ہوا اور وہ حج نہ کرے تو اسے اختیار ہے کہ وہ یہودی ہو کر مرے یا نصرانی''

اسلام کے پانچ فرائض میں حج ایک کیف آفریں عبادت ہے جس سے روح مسرور ہوتی ہے۔آنکھوں میں آنسو دل میں تڑپ روح میں مستی، عبدیت کا احساس، حق ذوالجلال کی مالکیت کا احساس واقرار، فقیرانہ لباس، دردمندانہ صدا...... لبیك اللھم لبیك۔ یہ روح پرور مناظر وجد آفریں اور اثر پذیر التجائیں۔جو حق سبحانہ، کے فضل وکرم سے بندے کو نوازتی ہیں۔اللہ رب العزت اپنے بندوں کی التجاؤں کو سنتا ہے اور اُن پر اپنی رحمت کے بادل برساتا ہے۔نماز اور روزہ جسمانی عبادت ہے زکوۃ مالی عبادت ہے، مگر حج مالی عبادت بھی ہے اور جسمانی بھی۔اس میں پیسہ بھی خرچ ہوتا ہے اور جسمانی مشقت بھی اُٹھانی پڑتی ہے۔اس عبادت میں سب سے بڑی نعمت اللہ کے گھر کا دیدار اور اس کا طواف ہے۔حج کے دوران اُن مقدس مقامات پر چند دن قیام کی سعادت بھی نصیب ہوتی ہے جہاں نبیٔ کریم ﷺ نے اپنی زندگی گزاری ہے۔پھر مدینہ منورہ کی مہکتی فضاؤں میں سانس لینے، نبیٔ کریم ﷺ کے دست مبارک سے بنی مسجد نبوی ﷺ میں نمازیں ادا کرنے اور روضۂ اقدس کی سنہری جالیوں کو نظروں سے چومنے کا شرف حاصل ہوتا ہے۔اور یہ تمام سعادتیں اُن ہی کو نصیب ہوتی ہیں جن پر۔

اللہ کا فضل و کرم ہوتا ہے۔

رسول اللہ ﷺ کا ارشاد مبارک ہے۔ ”حج سابقہ تمام گناہوں کو مٹاتا اور تمام برے اثرات کو زائل کرتا ہے۔“ جب گناہوں اور گندگیوں کے تمام اثرات و نشانات مٹ گئے اور اب تک کی تمام لغزشوں اور خطاؤں کو یکلخت معاف کر دیا گیا تو انسان اپنی فطرت پر لوٹ آتا ہے اور ایک نومولود بچے کی طرح معصوم اور پاک ہو جاتا ہے۔ صحیح معنوں میں حج کی سعادت سے فیض یاب ہونے کے بعد زندگی کا ایک نیا دور شروع ہو جاتا ہے جو سابقہ زندگی سے مختلف اور جدا ہوتا ہے۔ چنانچہ جب حج کرنے والا ارکان حج کی ادائیگی سے فارغ ہوتا ہے تو ملائکہ اس کا استقبال کرتے ہیں اور اُس کو بشارت سناتے ہیں۔ ”گندگیوں کا سابقہ دور ختم ہو گیا۔ اب از سر نو پاک زندگی شروع کرو“۔

لیکن اس کے برخلاف اب دیکھا تو یہ جارہا ہے کہ حج کرنا فرض کی ادائیگی یا عبادت جسمانی و روحانی سے زیادہ دکھاوا اور فیشن ہو کر رہ گیا ہے۔ چونکہ آج کل ذرائع آمدرفت کی بہتر سہولتیں حاصل ہیں۔ ساٹھ ستر ہزار روپیہ کے اس سفر میں اخراجات ہوتے ہیں۔ اب لوگوں کے پاس دولت کی فراوانی ہے ایک دوسرے کا دیکھا دیکھی حج کے لئے چلے جارہے ہیں۔ اور حج کر کے آرہے ہیں لیکن ان کے ساتھ وہ تقدس وہ پابندیاں نہیں آرہی ہیں جو ایک حاجی کے ساتھ آنا چاہیئے۔ اب تو اکثر حاجی حج سے آنے کے بعد اسی زندگی میں لوٹ رہے ہیں جہاں وہ حج سے پہلے تھے پھر وہی صبح و شام۔ پھر وہی لیل و نہار۔ اللہ سے دعا ہے کہ ہمیں سراط المستقیم پر قائم رکھیں۔ (آمین)

01-03-01

نعت باعث رحمت ونجات

نعت ایک اہم صنف سخن ہے جو گزشتہ چودہ سو برسوں سے دنیا بھر میں دنیا کی مختلف زبانوں میں بصد عقیدت واحترام لکھی جارہی ہے۔عربی اور فارسی کے بعد اب اردو میں سب سے زیادہ نعتیں برِ صغیر ہند میں لکھی جاتی ہیں۔اردو زبان کا ہر شاعر چاہے اسکا تعلق کسی بھی مذہب سے کیوں نہ ہو ایک سعادت سمجھ کر نعت کہتا ہے اردو شاعر کو نعت کہنے کے بعد ایک عجیب طرح کی قلبی راحت ملتی ہے۔اور وہ کئی دنوں تک نعت کے خوشگوار اثر میں کھویا رہتا ہے۔وجہ تخلیق کائنات حضور ﷺ کے حسن و جمال اخلاق حمیدہ، اُسوۂ حسنہ اور مرتبہ و مقام کے سلیقے سے اظہار کا نام نعت ہے۔یوں تو ہر قلمکار دنیا کے مختلف موضوعات پر قلم اٹھاتا ہے۔عشقِ مجازی میں تو زمین وآسمان کے قلابے ملاتا ہے، مگر سرکار دو عالم ﷺ کی مدحت میں اگر کچھ نہ لکھے تو یہ کس قدر افسوس اور محرومی کی بات ہے۔بد قسمت سمجھا جائیگا وہ شاعر جس نے شاعری کی مختلف اصناف میں زور آزمائی تو کی مگر جسے نعت کہنے کی توفیق نہ ہوئی اور وہ اپنی پوری شاعری کے ساتھ راندۂ درگاہ بنا رہا ہے۔دوسری اور اہم بات یہ بھی ہے کہ ہم نعت کو باعث نجات سمجھ کر پوری عقیدت سے لکھتے تو ہیں لیکن اس میں حضور اکرم ﷺ کے مرتبہ و مقام کو پیش کرتے ہوئے اکثر گستاخی کے بھی مرتکب ہوجاتے ہیں۔

اکثر دیکھا گیا ہے۔نعت میں سرکار دو عالم ﷺ کو ''تو'' کہہ کر مخاطب کیا جاتا ہے۔

اس خصوص میں یہ بات بھی صحیح ہے کہ اساتذہ سخن نے بھی اس بات کا خیال نہیں رکھا۔ پچھلے دور میں لکھی ہوئی نعتوں میں بھی یہ بات پائی جاتی ہے۔ بزرگ شعرا نے بھی اپنی نعتوں میں سرکار ﷺ کیلئے ''تو'' کا لفظ استعمال کیا ہے۔ مگر ان کی یہ مثالیں ہمارے لیے قابل تقلید نہیں ہیں۔ سرکار ﷺ کو ''تو'' سے مخاطب کرنا بلاشبہ بدتمیزی اور گستاخی کے مترادف ہے۔ سرکار ﷺ کو مخاطب کرتے ہوئے ہمیں ادب واحترام کو ملحوظ رکھنا چاہیے۔ اپنے لب و لہجے کو نرم رکھنا ضروری ہے۔ نعت ہم خدا اور اسکے حبیب ﷺ کی خوشنودی کے لئے کہتے ہیں۔ اگر ہمارے لب ولہجہ سے خدا اور رسول ﷺ ناراض ہو جائیں تو ہمارا نعت کہنا ہمارے لئے رحمت کی بجائے زحمت کا باعث ہو جائے گا۔

اللہ ہمیں توفیق دے کہ ہم رسول کریم ﷺ کی مداح سرائی میں ان تمام باتوں کو ملحوظ رکھیں جو کسی بھی لحاظ سے قابل گرفت نہ ہوں۔ ہمارے لہجے میں انکساری اور خاکساری ہونا چاہیے کہ ہماری عقیدت اور محبت سے کہی ہوئی نعت کو خدا اور اسکے حبیب ﷺ قبول فرمالیں اور یہ ہمارے لئے نجات کا باعث بن جائے۔

ادارہ گونج کی یہی کوشش ہوتی ہے کہ گونج سے وابستہ سب ہی قلمکار نظم میں ہو یا نثر میں نعت ضرور کہیں۔ اُنہیں نعت گوئی کی طرف راغب کرنے کے لئے ادارہ گونج ہر سال گونج کا ایک نعت کا خصوصی شمارہ شائع کرتا ہے۔

دعا ہے کہ اللہ ہمارے شعراء کو حضور ﷺ سے عقیدت اور محبت کا اظہار کرنے کیلئے اچھی اچھی نعتیں کہنے کی توفیق عطا کرے اور یہ نعتیں ہمارے لئے نجات کا باعث بن جائیں۔

01-05-05

سکھائے کس نے اسماعیلؑ کو آداب فرزندی

تاریخ گواہ ہے کہ نوے برس کی عمر میں پیدا ہوئے اپنے نوعمر بیٹے کو اللہ کا ایک مقرب اور جلیل القدر بندہ اللہ کے حکم پر اللہ کی راہ میں قربان کرنے کیلئے اپنے ہاتھ سے دعاء کرنے تیار ہوجاتا ہے۔ تاریخ اس بات کی بھی شاہد ہیکہ اس ضعیف شخص کا نوعمر بیٹا اللہ کی مرضی جان کر اللہ کی راہ میں خوشی خوشی قربان ہونے تیار ہوجاتا ہے۔ اور اس مرحلہ پر اپنے باپ کا حوصلہ بڑھاتا ہے اور کہتا ہے کہ بابا آپ میرے ہاتھ پیر باندھ دیجئے کہ میں مزاحمت نہ کرسکوں اور آپ بھی اپنی آنکھوں پر پٹی باندھ لیں کہیں ذبح کے وقت میرے چہرے پر نظر پڑنے سے آپکی فطری محبت جوش میں نہ آجائے اور آپ کے ہاتھ کانپ نہ جائیں، یہ جلیل القدر باپ اللہ کے رسول حضرت ابراہیم علیہ السلام اور یہ فرمانبردار بیٹے اللہ کے نبی حضرت اسماعیل علیہ السلام تھے، اپنی کم عمری ہی میں اس قدر صبر و تحمل اس قدر رضا و رغبت اور اس قدر فرمابرداری ایسی جذبہ فرمابرداری کو خراج عقیدت پیش کرتے ہوئے علامہ اقبال نے کہا ہیکہ۔ ؎

سکھائے کس نے اسماعیل کو آداب فرزندی

باپ اور بیٹے کی یہ عظیم الشان مثالی قربانی دنیا کے سامنے ہے اور ہر سال عید الاضحیٰ کے موقع پر قربانی ادا کر کے ہم اس عظیم الشان واقعہ کی یاد تازہ کرتے ہیں، یہ بات سچ ہے کہ یہ دونوں باپ اور بیٹے اللہ کے رسول تھے جو اللہ کی آزمائش میں کھرے اترے تھے، ہم بھی اللہ کے بندے ہیں، اور حضرت ابراہیم علیہ السلام کے مسلک کو ماننے والے ہیں، ہم اپنے فرزندوں کو کس قدر آدابِ فرزندی سکھائے ہیں، ہم پر اللہ کا یہ بڑا کرم ہے

کہ حضرت ابراہیم علیہ السلام کی طرح ہمیں اتنے بڑے امتحان سے گزرنا نہیں ہے۔ یعنی اپنی اولاد کے گلے پر چھری چلانے کی آزمائش سے اللہ نے ہمیں محفوظ رکھا ہے۔ بس ہمیں تو یہ حکم دیا گیا ہے کہ اپنی اولاد کی صحیح تربیت کریں، اسے دین و دنیا دونوں جگہوں پر کام آنے والے علوم سے بہرہ ور کریں دونوں جہانوں میں کامیاب ہونے کی تربیت دیں انہیں اخلاق اعلیٰ سکھائیں، آداب زندگی سکھائیں، اب ہم کو یہ دیکھنا ہیکہ ہم اس میں کہاں تک کامیاب ہیں، لیکن تلخ حقیقت تو یہ ہیکہ گلا کٹانا تو دور کی بات ہے، ہمارے بچے ہمیں ایک گلاس پانی بھی سچے دل سے پلانے کے روادار نہیں ہیں۔

اسماعیلؑ آداب فرزندی سے واقف تھے۔ ہمارے بچے کسی بھی قسم کے آداب سے واقف نہیں ہیں۔ اس میں قصوروار ہم بھی ہیں۔ اس معاملہ میں بد بخت بد نصیب کون ہیں، ہم یا ہماری اولاد، اگر ہم دونوں ہی بدنصیب ہیں تو اپنے نصیب کو بنانے کی ایک اور کوشش کرنی چاہیے کہ ہماری اولاد بھی دنیا اور آخرت دونوں جگہ سرخ ہو جائے۔

01-04-2002

کیا ہم ایک اور عذاب الٰہی کے منتظر ہیں

گزشتہ ماہ انڈونیشیا سے ایک سمندری طوفان اُٹھا اور سارے خلیج بنگال کو اپنی گرفت میں لے لیا۔ دیکھتے ہی دیکھتے کئی ممالک اسکی زد میں آگئے، اور لاکھوں انسان اسکی نذر ہوگئے۔ کئی بستیاں صفحہ ہستی سے مٹ گئیں۔ کئی جزیرے پوری طرح ڈوب گئے۔ اور اس سے متاثر ہونے کے بعد جو لوگ بچ گئے ان کا سب کچھ نیست و نابود ہو گیا۔ جو لوگ امیر و کبیر تھے وہ لوگ پلک جھپکتے ہی مفلس و کنگال ہوگئے۔ ان کے پاس سر چھپانے چھت رہی نہ پیٹ بھرنے کے لئے ایک دانہ تھا۔ وہ لوگ دوسروں کی امداد کے محتاج ہوگئے وہ اپنی عالی شان عمارتوں سے نکل کر ریلیف کیمپوں میں پہنچ گئے۔

ساری دنیا نے اس سمندری زلزلے اور خوفناک لہروں کو خدا کا عذاب مان لیا۔

قرآن مجید میں اللہ تعالیٰ نے بار بار کہا ہے کہ جو قومیں سرکش اور نافرمان ہو جاتی ہیں ان پر کسی نہ کسی صورت میں اللہ تعالیٰ کا عذاب نازل ہوتا ہے۔ قرآن نے قوم عاد اور قوم ثمود کی مثالیں دیں اور ان پر نازل کئے گئے ہوا اور پانی کے طوفانی عذاب کا تفصیل سے ذکر کیا اور آنے والی نسلوں کو درس عبرت دیا ہے۔ یہ سمندری طوفان جسے سونامی طوفان کا نام دیا گیا ہے۔ یہ بھی بلا شبہ اللہ تعالیٰ کا ایک ہولناک عذاب ہی تھا۔

لیکن افسوس اس بات کا ہے کہ ہم نے اس عظیم تباہی کو اللہ تعالیٰ کا اعذاب ماننے کے باوجود اس سے عبرت حاصل نہیں کیا ہے۔ ہمارے روزمرہ کے معمولات میں کوئی فرق نہیں آیا ہے۔

ہمارے وہی شب و روز ہیں، وہی اعمال ہیں۔ کہیں کچھ نہیں بدلا ہم اس قدر بے حس کیوں ہو گئے ہیں۔ اس قدر غفلت اور لا پرواہی خود پر کیوں طاری کیے ۔۔ہوئے ہیں۔ کیا ہم ایک اور عذاب الٰہی کے منتظر ہیں۔۔؟ یا عذاب کے نازل ہونے سے پہلے ہی ہم اپنے آپ کو اللہ کی مرضی و منشاء کے مطابق زندگی گزارنے کے قابل بنالیں گے۔ ہمیں سوچنا چاہیے ۔ایک عذاب ہمارے دروازے پر دستک دے کر نکل گیا ہے۔ ہمیں بیدار ہو جانا چاہیے ورنہ جب اس کا عذاب آئیگا تو ہمیں اپنے آپ کو سدھارنے اپنے اعمال درست کرنے کی مہلت نہیں ملے گی۔ آج ہم جس دولت پر نازاں ہیں جس طاقت پر فخر کر رہے ہیں۔ اسکی کیا حقیقت ہے۔ یہ ہم دیکھ چکے ہیں پھر بھی ہماری آنکھیں نہیں کھل رہی ہیں۔ نجانے ہم کب سدھریں گے اللہ ہمیں صحیح سوچ اور فکر دے اور ہمارے حالات کو ہمارے اعمال کو درست کرے کہ ہم اللہ کے ہر عذاب سے محفوظ رہیں۔ (آمین)

01-02-05

اُمت مسلمہ اور عذاب الٰہی

اُمتِ مسلمہ کو خیر اُمت کہا گیا ہے، اور اس اُمت کو قیامت تک قائم رکھنے کا اللہ نے وعدہ کیا ہے، امتیوں کی تعداد میں بھی اضافہ ہوتا جارہا ہے، اللہ نے اس اُمت کو کئی انعامات سے بھی سرفراز فرمایا ہے، فتح و نصرت اس اُمت کے حصہ میں آگئی تھی، لیکن یہ سب کل کی باتیں تھیں، آج ایسا لگتا ہے کہ اللہ تعالیٰ اس اُمت سے سخت ناراض ہے۔ اسی لئے یہ اُمت مسلسل عذاب الٰہی سے دوچارہ ہے، پچھلے دس بارہ برسوں کا اگر جائیزہ لیا جائے تو کہیں بھی ہمیں کامیابی نظر نہیں آتی۔ بلکہ مسلسل پریشانیاں اور ناکامیاں قتل و غارت گیری سے یہ اُمت دوچار نظر آتی ہے۔ روس، بوسینا، چیچنیا، فلسطین میں عرصہ دراز سے مسلمانوں کا قتل ہوتا رہا۔ پھر افغانستان اور اب عراق میں مسلمانوں کو سخت ہزیمت اٹھانی پڑی، جانی و مالی نقصان سے دوچار ہونا پڑا، ادھر ہندوستان میں برسوں سے کشمیر میں مسلمانوں کا خون بہہ رہا ہے، آزادی کے بعد سے ہندوستانی مسلمان ہزاروں فرقہ وارانہ فسادات کی زد میں رہے ہیں، لاکھوں قتل ہوئے کروڑوں کا مال و اسباب لوٹا اور جلایا جاتا رہا، بابری مسجد کو دیکھتے ہی دیکھتے مسلمانوں کی آنکھوں کے سامنے اور حکومت کی سخت نگرانی میں ڈھادیا گیا، گجرات میں مسلمانوں کے خلاف جو شیطانی ناچ ہوا جو خون بہایا گیا یہ خود میں ایک تاریخ اور اللہ کے عذاب کا ایک نمونہ ہے، دوسری طرف کئی مسلم ممالک میں بھی اللہ اپنا عذاب نازل کرتے ہوئے اپنی شدید ناراضگی کا اظہار کررہا ہے، ترکی اور ایران میں تباہ کن زلزلہ جس میں ہزاروں جانوں کا اتلاف اور کروڑوں کی جائدادوں کی تباہی ہوئی یہ سب کچھ ہورہا ہے لیکن مسلمان اب

بھی منشائے الٰہی کے مطابق زندگی گزارنے، سنت رسول ﷺ پر عمل پیرا ہونے کو......
تیار نہیں آج ساری کی ساری قوم غفلت اور لا پرواہی کا شکار ہے، ویسے دیکھا جائے تو مساجد کی تعداد پہلے کے مقابلے میں کہیں زیادہ ہوگئی ہے، نمازیوں کی تعداد بھی کئی گناہ بڑھ گئی ہے۔ کئی جماعتیں مسلمانوں کو راہ راست پر لانے کے کام میں لگی ہوئی ہیں۔ کئی مبلغین پیدا ہو گئے ہیں، اس کے باوجود قوم میں سدھار کی کوئی راہ نظر نہیں آتی ہے، بلکہ بے راہ روی روز افزوں ترقی پر ہے، نوجوان لڑکے، لڑکیوں کو فیشن بے حیائی اور مغرب پرستی نے پوری طرح اپنی لپیٹ میں لے لیا ہے اور وہ تیزی سے تباہی کی طرف بڑھ رہے ہیں، دوسرے معنوں میں ہماری نوجوان نسل اللہ کی سخت نافرمان ہوتی جارہی ہے، اور ہر نافرمانی کی سزا مقرر ہے، قرآن میں جگہ جگہ سابقہ اُمتوں کے نافرمانوں پر کس کس طرح اللہ کا عذاب آیا اس کا ذکر موجود ہے، اور اب اُمت مسلمہ بھی عذاب الٰہی کا شکار ہوتی جارہی ہے، ہمیں ان باتوں پر غور وفکر کرنا ان سے بچنے کی تدبیر کرنا، یعنی اللہ اور اللہ کے رسول ﷺ کی تعلیمات پر عمل پیرا ہونا چاہیے، ورنہ اللہ کا عذاب ہمیں کہیں کا نہ رکھے گا۔

01-06-2003.

ستاروں سے آگے جہاں اور بھی ہیں

نظام آباد میں اسی ہفتے تبلیغی جماعت کا عالمی اجتماع منعقد ہوا تھا، اس اجتماع میں نزدیک و دور سے لاکھوں لوگوں نے شرکت کی تھی اس اجتماع کیلئے بڑے پیمانے پر انتظامات کئے گئے تھے، یہ بات روزِ روشن کی طرح عیاں ہیکہ آزادی کے بعد ملک میں دیگر تمام مذاہب کے ماننے والوں کی طرح مسلمانوں کو بھی اپنے مذہبی فرائض ادا کرنے کی آزادی دیکر ملک کے سیکولر کردار کر بحال رکھا گیا ہے، ساتھ ہی مسلمانوں کو دعوت تبلیغ کے کام کی بھی مکمل آزادی حاصل ہے۔ (لیکن یہ دعوت تبلیغ صرف مسلمانوں تک ہی محدود ہے، کسی بھی غیر مسلم تک یہ دعوت نہیں پہنچائی جاتی) پچھلے پچاس برسوں سے ملک میں یہ کام جاری ہے اور اب ساری دنیاء میں پھیل گیا ہے اس اجتماع کا بنیادی مقصد مسلمانوں کو اپنے مذہب کی طرف راغب کرنا ہے، انہیں نمازی بنانا اور اپنی روزمرہ زندگی میں دین کو شامل کرنے کی دعوت دینا ہے، تاکہ صحیح معنوں میں ایک اسلامی معاشرہ قائم ہو سکے، بلاشبہ یہ ایک مستحسن اقدام ہے اور آج معاشرے کو اس کی ضرورت بھی ہے، لیکن بعض حلقہ اس تحریک پر تنقید کرتے ہوئے بھی نظر آتے ہیں، کہ دعوت کے اس کام کو محدود بنیادوں پر ہی انجام دیا جاتا ہے، جب کہ مسلمانوں کو آج دین کے ساتھ ساتھ اپنی دنیاوی زندگی کو بھی سنوارنے کی ضرورت ہے، اور یہ کام بھی ایک چیلنج کے طور پر کیا جانا چاہئے، مسلمانوں کو مذہب کے ساتھ ساتھ سیاسی، سماجی، علمی، ادبی، معاشی، سائنسی اور ٹکنالوجی کے شعبوں میں بھی آگے آنا چاہیے، اس مسابقتی دور میں عصری علوم و

فنون کے ذریعہ خود کو ایک ترقی یافتہ قوم ثابت کرنا ہے، آج دنیا کی دیگر قومیں عصری علوم اور سائنس و ٹکنالوجی میں ہم سے کس قدر آگے بڑھ گئی ہیں یہ سب جانتے ہیں، اسلام کا بنیادی مقصد اپنے ماننے والوں کو باشعور اور ترقی یافتہ بنانا بھی ہے، لیکن یہ ہماری بدقسمتی ہے کہ ہم میں ایسی کوئی قیادت یا ایسی کوئی تحریک نہیں ہے۔ جو عالمی سطح پر مسلمانوں کو دین و دنیا دونوں کیلئے باشعور اور ترقی یافتہ بنانے کے لئے کام کرے۔

آج جبکہ تبلیغی کام دنیاء بھر میں پھیل گیا ہے، اس تحریک کے مقاصد میں صرف عاقبت سنوارنے ہی کیلئے نہیں بلکہ ایک ترقی یافتہ مسلم معاشرہ بنانے کے عوامل کو بھی شامل کیا جانا چاہئے، مسلمانوں کی دنیاوی زندگی کو بھی جدید علوم و فنون سے آراستہ کرنے کے سلسلہ میں بھی لائحہ عمل تیار کرنا چاہئے، ورنہ ہم مسجدوں تک ہی محدود ہو کر رہ جائینگے، جبکہ حدیث شریف کے یہ واضح الفاظ ہیں کہ نماز کے بعد مسجد سے نکل کر حصول معاش کیلئے دنیا میں پھیل جاؤ۔ اللہ اس سلسلہ میں مسلمانوں کی صحیح رہنمائی کرے اور انہیں ہدایت دے۔ (آمین)

01-11-1997

اُردو سرکاری مدارس کے غریب طلباء

پچھلے ہفتے میں نے اپنے ضلع کے چند سرکاری مدارس کا دورہ کر کے وہاں کے حالات کا جائزہ لیا ہے، مجھے بڑی مایوسی ہوئی کہ کئی سرکاری مدارس میں باقاعدہ اُردو کی کلاسس ہوتی نظر نہیں آئیں، بعض مدارس میں ایک یا دو ہی اُردو ٹیچرس موجود تھے (تمام مضامین کے ٹیچرس کسی بھی اُردو مدرسے میں نہیں تھے) جو چند بچوں پر مشتمل جماعت کو پڑھاتے نظر آئے، ان مدارس میں بچوں کی تعداد جس قدر کم تھی اسی قدر ان بچوں میں غربت نظر آئی یعنی اُردو کے اب یہ سرکاری مدارس صرف غریب اور محنت کش اُردو والوں کے بچوں ہی کے لئے رہ گئے ہیں، جو بچے کھاتے پیتے گھرانوں کے ہیں اور جن میں ماہانہ فیس ادا کرنے کی سکت ہے وہ خانگی مسلمہ اور امدادی مدارس میں پڑھتے ہیں یعنی اب یہ بااثر لوگ اور انکے بچے اُردو کے سرکاری مدارس سے دور ہو گئے ہیں، اسی وجہ سے اُردو کے تمام سرکاری مدارس زبوں حالی کا شکار ہو گئے ہیں، غریبوں اور لاچاروں کی اب سنتا کون ہے، چنانچہ جب کسی ٹیچر کا دل پڑھانے کو چاہے گا تو وہ کلاس میں آئیگا اور کچھ پڑھا دیگا، اور جب اسکا دل پڑھانے کو نہیں چاہے گا وہ نہیں پڑھائے گا کیونکہ اب انہیں پوچھنے والا کوئی نہیں ہے جن مدارس میں اُردو کی متوازی جماعتیں قائم ہیں ان مدارس کے صدر مدرسین اور انتظامیہ کو بھی اُردو میڈیم سے کوئی دلچسپی نہیں ہے، وہ اُردو جماعتوں کی طرف پلٹ کر بھی نہیں دیکھتے اُردو میڈیم کے سرکاری مدارس کے ان بچوں کے پاس نہ برابر کتابیں ہیں نہ کاپیاں ہیں، اور نہ ہی ان کے بدن پر ڈھنگ

کے کپڑے ہیں، ایک دو مدرسوں میں مجھے یہ بھی بتایا گیا ھیکہ بعض بچے صبح اُٹھ کر پہلے ترکاری مارکٹ میں مزدوری کرتے ہیں، بعض بچے صبح شہر میں پھرتے ہوئے ڈبل روٹی بیچتے ہیں، اور بعض بچے اخبار گھروں کو پہنچانے کا کام کرتے ہیں اور اپنا کام ختم کرکے دس بجے اسکول آتے ہیں، اور یہاں جو بھی جیسا بھی پڑھایا جاتا ہے پڑھ لیتے ہیں، نہ انکا کوئی پرسان حال ہے اور نہ ہی انکے مدارس کا۔

اُردو تنظیموں فلاحی اداروں اور اہل خیر حضرات کو اُردو کے ان سرکاری مدارس کی طرف بھی توجہ کرنا چاہئیے اور یہاں کے غریب بچوں کی کتابوں کاپیوں اور انکے کپڑوں کی فراہمی میں مدد کرنا چاہئیے یہ بھی سچ ھیکہ یہ بچے کسی سے کچھ مانگتے نہیں ہیں، اور بلا مانگے ہی انکی ضرورتوں کو پورا کرنا ایک اہم اور ایک بڑا کام ہے اور اس کا اجر بھی بڑا ہے۔۔ اللہ ہمیں اس کی توفیق دے (آمین)

01-10-1997

کیا یہ سچ نہیں ہے

اُردو اخبارات اور رسائل پر جس قدر برا وقت اب آیا ہے اس کی مثال سابق میں نہیں ملتی ایسا محسوس ہو رہا ہے کہ آگے چل کر اخبارات اور رسائل پر آیا ہوا یہ بحران اور شدت اختیار کر لیگا، کیونکہ ہم نے اپنی آنے والی نسل کو اس کی مادری زبان اُردو سے ناواقف رکھنے کا نا قابل بیان بلکہ نا قابل تلافی جرم کیا ہے، اور اب ہم تو خود بھی اُردو رسائل اور جرائد سے لا پرواہ ہوتے جا رہے ہیں، ایک وہ دور بھی تھا جب تقریباً ہر تعلیم یافتہ شخص رات میں سونے سے قبل گھنٹہ آدھا گھنٹہ مطالعہ ضرور کرتا تھا، اکثر لوگوں کو یہ کہتے ہوئے بھی سنا جاتا تھا کہ رات جب تک مطالعہ نہ کرے نیند ہی نہیں آتی سچ بات تو یہ ھیکہ اب ہمارے پاس رسائل اور جرائد کے مطالعہ کے لئے وقت ہے اور نہ ہی شوق ہے یہی وجہ ھیکہ اُردو رسائل کی تعداد آئے دن گھٹتی جا رہی ہے، اور کئی اُردو اخبارات و رسائل جو اُردو کے بڑے اور مشہور رسائل مانے جاتے تھے ملک اور بیرونِ ملک جن کے قارئین کی تعداد ہزاروں میں تھی دم توڑ چکے ہیں، اگر اُردو قاری سے اس سلسلہ میں بات کی جائے تو وہ فوراً مہنگائی کا رونا روئے گا اور کہے گا کہ ضروریات زندگی کی تکمیل ہی مشکل سے ہو رہی ہے ایسے میں اخبارات اور رسائل کا زائد خرچ کون اٹھائے، لیکن حقیقت تو یہ ھیکہ اس مہنگائی کے دور میں بھی وہ اپنی تمام ضروریات کی تکمیل کر ہی رہا ہے اپنے تمام شوق جیسے چائے، پان، سگریٹ، فلم بینی وغیرہ پر ہر ماہ سینکڑوں روپے خرچ ہوتے ہیں، یہی نہیں اپنے اہل و عیال کی تمام جائز اور نا جائز ضرورتوں اور۔

رمائیوں کی تکمیل بھی ہو ہی جاتی ہے، ان میں بھی سینکڑوں روپے خرچ ہوتے ہیں،
ب اگر وہ پیسہ خرچ نہیں کرتا ہے تو صرف اُردو اخبارات اور رسائل پر یعنی کسی
خبار کے لئے دو روپے اور کسی رسالے کے لئے پانچ، دس روپے اس سے خرچ نہیں
کئے جاتے، جسے وہ بار سمجھتا ہے۔ یہی وہ وجوہات ہیں، جو اُردو اخبارات اور رسائل کیلئے
قاتل بنتے جارہے ہیں، اگر ہم میں سے کوئی اُردو کے ساتھ ہونے والی ناانصافی کی
ت کرے تو ہم نہ صرف اس کے ہاں میں ہاں ملاتے ہیں بلکہ اس ناانصافی کیلئے دل
کھول کر حکومت کو کوستے بھی ہیں، کہ حکومت اُردو کا گلا گھونٹ رہی ہے، اور ہم یہ نہیں
یکھتے کہ خود ہم اُردو کے لئے کیا کر رہے ہیں، ہم تو صرف زبانی جمع وخرچ کرنے کے
عادی ہو گئے ہیں، صرف اُردو کا نوحہ پڑھنے یا حکومت کو برا بھلا کہنے ہی کو اُردو دوستی سمجھ
رہے ہیں، اور اب جبکہ ایک عام آدمی یا ایک قاری اُردو اخبارات ورسائل سے لاتعلق ہو
گیا ہے۔ ایسے حالات میں اُردو کی شعری وادبی انجمنوں کی ذمہ داری ہیکہ وہ جو زبان و
دب کی بقاء کا کام کرتی ہیں، شعروادب کی روایات کی پاسداری کیلئے مشاعرے کرواتی
یں، اردو کے جلسوں اور سمیناروں کا انعقاد عمل میں لاتی ہیں۔ ان اُردو انجمنوں کو چاہیے
کہ وہ اُردو کے اخبارات ورسائل کی بقاء کے لئے بھی کام شروع کریں، مشاعروں اور
جلسوں کے سامعین کو اُردو رسائل اور اخبارات کی اہمیت اور انکے مسائل سے واقف
کروائیں، اور انہیں اخبارات اور رسائل خرید کر پڑھنے کی طرف راغب کریں، اگر اُردو
کا ایک عام آدمی اخبارات ورسائل خرید کر پڑھنے لگے اور اپنے بچوں کو بھی ۔۔۔

اُردو اخبارات و رسائل کے مطالعہ کا پابند بنائے، تو پھر اُردو اخبارات و رسائل کی حفاظت کی ذمہ داری اُردو والوں سے پوری ہو سکے گی ورنہ وہ دن دور نہیں جب آنے والی نسلیں رسائل و جرائد کا نام بھی نہیں سنیں گی اس سلسلہ میں دوسری علاقائی زبانوں کے قارئین قابل تعریف ہیں۔ انکے یہاں ہر گھر میں انکی زبان کا ایک اخبار یا ایک رسالہ ضرور آتا ہے، وہ دوسروں سے مانگ کر پڑھنے کو معیوب سمجھتے ہیں، اور پوری خوداری سے اپنا اخبار اپنے گھر کی بالکونی بیٹھے پڑھتے نظر آتے ہیں، اُردو والوں کو ان سے سیکھنا چاہیے کہ ہماری زبان اور ہماری تہذیب کی حفاظت کس طرح کی جا سکتی ہے۔

01-12-20005.

آخر یہ خود غرضی کب تک؟

دنیا میں دو طرح کے لوگ ہوتے ہیں ایک وہ جو اپنے لئے جیتے ہیں اور دوسرے وہ جو اپنے ساتھ ساتھ دوسروں کا بھی خیال رکھتے ہیں، دنیا میں لوگوں کی ایک تیسری قسم بھی تھی یہ لوگ تو صرف دوسروں کے لئے ہی جیتے تھے لیکن اب یہ لوگ اس دنیا میں نہیں رہے، اپنے لئے جینا اچھی بات ہے لیکن اپنے ساتھ ساتھ دوسروں کے بارے میں بھی سوچنا اس سے بھی اچھی بات ہے، جو لوگ دوسروں کا بالکل خیال نہیں کرتے اور بس اپنے ہی بارے میں سوچتے ہیں، بلکہ دوسروں کا حق بھی مار کر کھانے کی فکر میں لگے رہتے ہیں۔ وہ بہت برے اور لالچی اور خود غرض لوگ ہیں، سچ تو یہ ہے کہ ان میں انسانوں کی کم اور جانوروں کی خصلت زیادہ در آجاتی ہے۔ کیونکہ جانوروں کو دوسرے جانوروں کے مفادات سے کوئی مطلب نہیں ہوتا، لیکن آدمی تو سماج میں رہتا ہے۔ اسکا ہر لمحہ ہر گھڑی دوسروں سے واسطہ پڑتا رہتا ہے، اہل خاندان رشتہ دار دوست احباب پڑوسی دفتر اور کاروبار کے ساتھی سبھی سے اس کا تعلق ہوتا ہے، اگر وہ ان سب کے مفادات کا خیال نہ کرتے ہوئے صرف اپنے ہی بارے میں سوچے اور سب کچھ اپنے لئے ہی حاصل کرنے کی سعی کرے تو اس سے دوسروں کے مفادات کو نقصان پہنچے گا اور اسکا اثر پورے معاشرے پر پڑیگا۔

حدیث مبارکہ ہیکہ اپنے لئے جو چاہتے ہو اپنے بھائی کے لئے بھی وہی چاہو، اب اگر ہم اپنے گرد و پیش نظر ڈالیں تو ہمیں ایسے کتنے لوگ ملینگے جو اس حدیث

پاک پر عمل پیرا ہیں، جو دوسروں کے لئے بھی سوچتے ہیں اور انکے مفادات کا تحفظ کرتے ہیں، سچ تو یہ ھیکہ ہمیں اپنے اطراف ایسے مکروہ چہرے ہی نظر آئینگے جو خود غرضی اور ابن الوقتی کی اپنی مثال آپ ہیں۔ یہی وجہ ھیکہ آج معاشرہ میں بے شمار برائیاں پیدا ہوگئی ہیں۔ اللہ تعالیٰ نے اسلام کے ایک اہم رکن کی حیثیت سے زکوٰۃ کو فرض قرار دیا ہے، کہ دولت کی صحیح تقسیم عمل میں آئے اور دولت کا کچھ حصہ مستحقین تک بھی پہنچے اور معاشرے میں توازن برقرار رہے اگر معاشرے کا ہر فرد اپنے ساتھ ساتھ دوسروں کے مفادات کے بارے میں بھی سوچے گا تو اس سے سب کا فائدہ ہوگا، اور کوئی بھی اپنے حق سے محروم نہیں رہیگا۔

ایک حکایت ھیکہ ایک بہت بوڑھا شخص کسی پھل کا پودا بو رہا تھا کسی نے اُس سے پوچھا کہ کیا تمہیں یقین ھیکہ یہ پودا درخت بنے گا اور اس درخت پر پھل آنے تک تم زندہ رہو گے اور وہ پھل کھا سکو گے؟ تو بوڑھے نے جواب دیا میں اس پودے کے پھل کے پانے کے بارے میں سوچ بھی نہیں سکتا یہ پودا اس لئے لگا رہا ہوں کہ میری آنے والی نسل اسکا پھل کھا سکے، کیونکہ میرے بزرگوں نے جو درخت لگائے تھے اس کے پھل میں نے کھائے ہیں، اگر میں پودے نہ لگاؤں تو میری بعد آنے والی نسلوں کو کیا ملیگا۔ کاش یہی عمل ہمارا بھی ہوتا اور ہم دوسروں کا خیال کرتے۔؟

01-10-2000.

یہ ناپاک سازشیں اور حکومت کی خاموشی

بابری مسجد کی شہادت کے بعد اور خاص طور پر مرکز میں بھارتیہ جنتا پارٹی کی مسلم دشمن حکومت بننے کے بعد عام طور پر سارے ملک میں اقلیتوں اور بالخصوص مسلمانوں کی دلآزاری کرنے اُنکے مذہبی جذبات کو ٹھیس پہنچانے کی کوششوں میں غیر معمولی اضافہ ہو گیا ہے۔ کہیں مسلمانوں کی اوقافی جائیدادوں پر ناجائز قبضہ کہیں عبادتگاہوں اور درگاہوں پر حملے تو کہیں قرآنی مجید کی بے حرمتی اور اسکے صفحات کو جلانے کے واقعات کہیں تعلیمی نصاب میں اسلام سے متعلق غلط اور ناپاک تعاویلات تو کہیں رسائل و اخبارات اور انٹرنیٹ پر پیغمبر اسلام کی شبیہ کی اشاعت ۔۔ ایسے واقعات مسلسل پیش آرہے ہیں، ایسا نہیں ہے کہ وشوا ہندو پریشد، بجرنگ دل، شیو سینا اور آر ایس ایس کے والنٹرس جذباتی طور پر یا کسی واقعہ سے مشتعل ہو کر اتفاقی طور پر ایسی مذموم حرکتیں کرتے ہیں، بلکہ سچ تو یہ ہیکہ ان فسطائی تنظیموں کے پاس ایک ایسی لابی موجود ہے، جو اس طرح کے منصوبے بناتی رہتی ہے، اور وقفہ وقفہ سے جگہ جگہ ایسے واقعات منصوبہ بند طریقہ سے کرواتی رہتی ہے، اس لابی کا مقصد مسلمانوں کے مذہبی جذبات کو مجروح کرنا ہے، تاکہ ان واقعات سے متاثر ہو کر مسلم نوجوان مشتعل ہو جائیں اور احتجاج کرتے ہوئے سڑکوں پر نکل آئیں اور پولیس کی لاٹھی اور گولی کا نشانہ۔ بنیں اس سے حالات اس قدر خراب ہو جائیں کے انہیں فرقہ وارانہ تشدد برپا کرنے کے مواقع مل جائیں، چنانچہ ہر جگہ ایسے واقعات پیش آتے رہتے ہیں، اور مسلمانوں کی ۔۔

جان و مال کو نقصان ہوتا رہتا ہے، یہ تمام فسطائی تنظیمیں ہمیشہ اپنے ان ناپاک منصوبوں میں کامیاب ہوتی رہتی ہیں۔ لیکن حکومت ایسے واقعات کو کوئی اہمیت نہیں دیتی اور وہ ان خاطیوں کے خلاف کوئی کاروائی نہیں کرتی۔ حکومت کے ذمہ دار چند جھوٹے سچے بیانات دیکر ان واقعات کی اہمیت کو کم کرنے کی پوری کوشش کرتے ہیں۔ ایسا لگتا ہے کہ در پردہ حکومت بھی یہی سب کچھ چاہتی ہے۔ کہ اسکا ووٹ بینک اور مضبوط ہو جائے۔ اگر حکومت ایسے واقعات کے سلسلہ میں سنجیدگی سے سخت موقف اختیار کرے تو کسی کی ہمت ہو سکتی ہے کہ وہ ملک میں فرقہ وارانہ منافرت پھیلانے کیلئے ایسے گھناؤنے منصوبے بنائے اور انہیں روبہ عمل لانے کے لئے اور مجرموں کو بچانے کیلئے اپنی پوری توانائی صرف کرے۔ سچ تو یہ ھیکہ ایسے معاملات میں ملوث کسی بھی شخص کو آج تک سخت سزا نہیں دی گئی ہے۔ ایسے لوگوں کے خلاف پولیس نہ تو کوئی کاروائی کرتی ہے، اور نہ کوئی مقدمہ درج ہوتا ہے، الٹا خود پولیس ایسے واقعات کو چھپانے اور مجرموں کو بچانے کی مساعی شروع کر دیتی ہے۔ ایسے حالات میں مسلمانوں کو ان واقعات کے پیچھے چھپے عناصر کو دیکھنا چاہیے اور ان کے عوامل کو سمجھنا چاہیے۔ جذبات میں آکر ایسے حالات نہیں پیدا ہونے دینا چاہئے جن سے خود اپنی جانوں اور اپنی املاک کا نقصان ہو، بلکہ ایسے معاملات میں صبر و تحمل سے کام لیکر، ان عناصر کے خلاف قانونی کاروائی کی مساعی شروع کر دینا چاہیے کہ وہ قانون کے شکنجہ میں پھنس جائیں۔

01-05-2001.

تعلیم تو ہے مگر تربیت نہیں!

ہمارے شہر کی شرعی پنچایت میں یہاں کے ایک ضعیف باپ نے اپنے جوان بیٹے کے خلاف یہ شکایت درج کروائی تھی کہ اس کے بیٹے نے اپنی شادی میں ملنے والی جہیز کی رقم (جو باپ نے اسکی شادی کے موقع پر حاصل کی تھی) کی واپسی کا مطالبہ کرتے ہوئے نہ صرف جھگڑا کیا بلکہ لوہے کی سلاخ سے باپ پر حملہ کرنے کی کوشش کی۔ اگر لوگ بیچ بچاؤ کرنے درمیاں میں نہ آتے تو وہ اپنے ماں اور باپ دونوں کو ختم کردیتا۔ اپنی آنکھوں میں آنسو لاتے ہوئے اس باپ نے بتایا کہ یہ میرا بڑا بیٹا ہے جسے میں نے بہت ہی لاڈ اور پیار سے پالا ہے۔ انگریزی میڈیم کی تعلیم کا بھاری خرچ برداشت کرتے ہوئے۔ پڑھایا اور قابل بنایا ہے۔ ایک لاکھ روپے سے زاید رقم خرچ کر کے اسکی شادی کی۔ اور آج جوڑے کے لئے سسرال سے ملنی والی رقم کی واپسی کا مطالبہ کرتے ہوئے اس نے ہمیں جان سے ماردینے کی نہ صرف دھمکی دی بلکہ حملہ آور بھی ہوا۔

صرف یہی نہیں ایسے ہی کئی واقعات آئے دِن ہمارے سماج میں پیش آتے رہتے ہیں۔ ہمارے یہ نوجوان تعلیمیافتہ ہو کر بھی جاہلوں جیسی حرکتیں کرتے ہیں۔ اپنے سے بڑوں کا ادب لحاظ نہیں کرتے۔ ان سے بے رخی اور بدتمیزی سے پیش آتے ہیں اور کبھی کبھی تو خود اپنے ماں باپ پر بھی حملہ آور ہو جاتے ہیں۔ ماںباپ جو بے پناہ محبتوں سے اپنی اولاد کی پرورش کرتے ہیں۔ اولاد کی ہر جائز اور ناجائز فرمائش کی تکمیل اپنا فرض

سمجھ کر کرتے ہیں۔اور پھر جب اولاد بڑی ہو جاتی ہے تو اسی سے خوفزدہ رہتے ہیں وہ اپنی اولاد کے سامنے خود کو کمزور اور بے بس محسوس کرتے ہیں۔ایسا ہمارے معاشرہ میں کیوں ہورہا ہے۔یہ کوئی نہیں سوچتا۔

ایسے واقعات دراصل اولاد کی صحیح تربیت میں کمی اور اولاد کی کردار سازی اور ان میں اخلاق کے فقدان کا نتیجہ ہے۔آج ہم اپنے بچوں کو اعلیٰ سے اعلیٰ تعلیم دلانے کی بھر پور کوشش کررہے ہیں۔اچھے اور بڑے اسکولوں اور کالجوں میں انہیں غیر معمولی ڈونیشن کی رقم دے کر داخل کروارہے ہیں۔ان کی تعلیم پر لاکھوں روپئے خرچ کررہے ہیں۔لیکن ان کی کردار سازی ان کی تربیت کی طرف توجہ نہیں کررہے ہیں۔دینیات اخلاقیات سے انہیں بالکل ہی کورا رکھا جارہا ہے۔جس کے نتیجے میں ایسے غیر اخلاقانہ اور غیر شریفانہ واقعات پیش آرہے ہیں۔

چاہیے تو یہ تھا کہ ہم جہاں اچھی تعلیم کی طرف توجہ دے رہے ہیں وہیں اُن کی اچھی تربیت کی طرف بھی توجہ کرتے۔ورنہ وہ دن دور نہیں جب ہر گھر میں ایسے غیر شریفانہ واقعات کا سلسلہ شروع ہو جائیگا۔ہمارے گھروں میں ماں باپ اور بھائی بہن کی تمیز باقی نہیں رہے گی۔اپنوں اور بیگانوں کا فرق مٹ جائیگا۔رشتوں کا تقدس پامال ہو جائے گا۔اور ہمارے معاشرہ پسماندہ طبقات سے بھی زیادہ پسماندہ ہو جائے گا۔اس خصوص میں ہم سے اب تک جو کوتاہیاں ہوئی ہیں۔اُن کی روشنی میں آنے والی نسلوں کی تربیت کے سلسلے میں غلفت نہیں برتنی چاہیے کیونکہ بغیر تربیت کے ساری تعلیم بے کار جائیگی۔خدا ہماری رہنمائی کرے اور ہماری نئی نسلوں کی حفاظت کرے (آمین)

01-07-01

حُسنِ سلوک کا فقدان

یہ کس قدر افسوس کی بات ھیکہ ہمارے معاشرے میں جہاں آپسی بھائی چارہ اور باہمی خلوص اور ایثار کی ضرورت ہے، وہیں آپسی بغض وحسد کینہ نفرت اور دشمنی کا چلن عام ہوگیا ہے۔ جن رشتوں میں خلوص اور محبت فطری امر ہے یعنی ہم جنہیں خونی رشتہ کہتے ہیں، ایسے رشتوں میں بھی دراڑیں پڑتی جارہی ہیں اور خونی رشتے ازخود ایک دوسرے کہ خون کے پیاسے ہوتے نظر آرہے ہیں، کسی زمانہ میں دوستی کو قابل رشک رشتہ سمجھا جاتا تھا، اور دوستوں کی آپسی محبت کی مثالیں دی جاتی تھیں، دوستوں میں جہاں ایثار وقربانی کا جذبہ ہوتا تھا اب حسد اور جلن اور ایک دوسرے پر سبقت لیجانے ایک دوسرے کو مات دینے کی مذموم خواہش دوستی کے پاک رشتوں کو بھی مجروح کرتی نظر آرہی ہے، اگر یہی صورتحال برقرار رہی تو ہمارا معاشرہ بغض اور حسد اور نفرت کے شعلوں میں جھلس جائیگا، اس برائی کی سب سے بڑی وجہ مفاد پرستی اور خود غرضی ہے، ہم اپنے ذاتی فائدے اور اپنے ہی آرام کو مدِ نظر رکھتے ہیں، اگر دوسروں کو اور انکے مفادات کو انکی خواہشات کو نظر انداز کرنے لگے ہیں، اگر دوسروں کا کہیں کوئی فائدہ ہوتا نظر آتا ہے تو وہ ہم سے دیکھا نہیں جاتا، ہم ہر حال میں اس فائدے کو نقصان میں بدلنے کے دل سے خواہش مند ہوجاتے ہیں، جب کہ ہمارے مذہب نے ہمیں سکھایا ہے کہ ہم اپنے لئے جو پسند کرتے ہیں، دوسروں کے لئے بھی وہی پسند کریں، ہمارے اخلاق کا یہ دیوانہ پن اب ہم تک ہی محدود نہیں رہا ہے بلکہ ہماری سوچ اور ہماری فکر کے

ساتھ ہمارے بچوں اور آنے والی نسلوں میں بھی پہنچ رہا ہے، سچ تو یہ ھیکہ ہم خود اپنے بچوں کو خود غرضی اور مفاد پرستی کا سبق پڑھا رہے ہیں، انہیں اخلاقیات سے کوسوں دور کر رہے ہیں، انہیں اپنے بڑوں سے ملنے جلنے کے آداب اور اپنے رشتہ داروں سے حسن سلوک کی تعلیم نہیں دے رہے ہیں، انہیں محبت خلوص ردستی اور ایثار جیسے نیک اُصولوں سے واقف نہیں کروا رہے ہیں، جب ہم خود ہی خلوص اور محبت کے رشتوں کو منقطع کرنے کی راہ پر گامزن ہیں تو ہمارے بچے کس طرح اپنے رشتہ داروں کو پہچانیں گے، اور کس طرح اُن سے حُسن سلوک روا رکھیں گے، نتیجتاً معاشرے میں آپسی رشتوں کی خوشبو کی جگہ رنجشوں کا بغض اور حسد کا تعفن پھیل رہا ہے، اللہ تعالیٰ نے قطع تعلق کرنے والوں کے تعلق سے سخت عذاب کا انتباہ دیا ہے، رسول اکرم ﷺ نے بھی آپسی اتحاد اور بھائی چارہ کی نہ صرف تعلیم دی ہے بلکہ اسکا عملی نمونہ بھی پیش کیا ہے، بھائی بہنوں عزیز و اقارب دوستوں اور پڑوسیوں سے کیسا برتاؤ کیا جانا چاہیے، یہ بتایا ہے، اگر ہم ایک دوسرے کی خوشی میں خوش اور غم میں برابر کے شریک نہیں ہونگے تو پھر ہم سے تمام خوشیاں اور ہر قسم کا سکون چھین لیا جائیگا، اور ہمیں سخت آزمائش اور امتحان میں مبتلا کر دیا جائیگا، اللہ ہمیں صراط مستقیم پر چلائے اور ہم میں حُسن سلوک کا جذبہ پیدا کرے کہ ہمارا معاشرہ محبتوں سے سرشار ہو جائے۔ (آمین)

01-02-2000.

ایک اور امتحان

یہ کوئی ڈھکی چھپی بات نہیں ہے، کہ ملک کی تقسیم کے بعد ہی سے ہندوستانی مسلمانوں کو ہمیشہ شک کی نظر سے دیکھا گیا ہے، ایک ہزار سال سے اس ملک میں رہنے بسنے اور یہاں کی تہذیب وتمدن کو یہاں کی زبانوں اور رسم ورواج کو اپنا کر اس ملک کی خدمت کرنے اسے سجانے سنوارنے یہاں کے عوام کی فلاح وبہبود اور ترقی کیلئے کام کرنے کے باوجود بھی مسلمانوں کو صرف حملہ آوروں کے خطاب سے ہی نوازا جاتا رہا ہے، لیکن مسلمانوں نے کبھی بھی اس کی پرواہ نہیں کی، اور پوری محنت لگن اور ایمانداری سے اس ملک کو دل سے اپنا مان کر اسکی خدمت کرتے رہے ہیں، اسلام نے بھی اپنے ماننے والوں کو یہی سبق دیا ہے، حدیث پاک ﷺ میں بھی اس بات کی تلقین کی گئی ہے، کہ جس ملک میں رہتے بستے ہوں اس ملک سے وہاں کے قوانین سے وفاداری کرتے رہیں، اور ہندوستانی مسلمانوں نے ہمیشہ ایسا ہی کیا ہے، آزادی کے بعد کی اٹھاون سالہ تاریخ بھی اس بات کی گواہ ہے کہ مسلمانوں نے یہاں دوسرے مذاہب کے ماننے والوں کے ساتھ شانہ سے شانہ ملاکر ہر شعبۂ حیات میں نمایاں کارنامے انجام دیے ہیں، سائنس وٹکنالوجی ہو یا سیاست ہو تجارت ہو یا صحافت ہو یا اسپورٹس، فلم وآرٹ ہوں سماجی خدمات ہوں یا ثقافتی میدان ہو، تعلیم ہو یا صنعت وحرفت، مسلمان کسی بھی میدان میں کسی سے پیچھے نہیں رہا ہے، بلکہ اپنے کارناموں سے اپنا ایک منفرد مقام بنایا ہے، لیکن یہ بڑی بدبختی ہے کہ یہاں کی فرقہ پرست تنظیمیں مسلمانوں کو بدنام کرنے اور انہیں ہر محاذ

پہنچانے نقصان پہنچانے کی مذموم کوششیں کرتی رہی ہیں، ان تنظیموں نے اس ملک کی تاریخ تک کو بدلنے کی سعی کی ہے، تعصب اور نفرت کا ماحول پیدا کرنے کی بھرپور مساعی کے نتیجہ میں یہاں ہزاروں فرقہ وارانہ فسادات ہوئے ہیں، جن میں مسلمانوں کا بہت بڑا جانی و مالی نقصان ہوتا رہا ہے، اس کے باوجود بھی مسلمان ہر امتحان میں کامیاب ہی رہا ہے، اور اس کی حب الوطنی میں کوئی کمی نہیں آئی ہے ملک کی آزادی کی جدو جہد اور آزادی کے بعد جب جب بھی ضرورت پڑی مسلمانوں نے بھی اس ملک کے لئے اپنا خون اور پسینہ بہایا ہے، اور جان و مال کی قربانی دی ہے، ملک کی ان فرقہ پرست تنظیموں نے جن کا کام ہی مسلمانوں کے خلاف زہر اگلنا ہے، آج ملک میں کچھ ایسا ماحول پیدا کردیا ہے، جس کی وجہ ہر طرف مسلمانوں کو شک کی نظر سے دیکھا جانے لگا ہے، انہیں دوسرے درجہ کا شہری سمجھا جانے لگا ہے، ان فرقہ پرست تنظیموں کو یہ سمجھ لینا چاہے کہ وہ اپنی ان ناپاک کوششوں میں وقتی طور پر کامیاب تو ضرور ہوی ہیں مگر وہ ہمیشہ ایسا نہیں کر سکیں گی۔ کیونکہ انہیں اچھی طرح سمجھ لینا چاہے کہ مسلمان اسی ملک کا شہری ہے، اس ملک کا وفادار ہے اور ملک کا وفادار ہی رہیگا اور اپنی وفاداری پر کبھی آنچ نہ آنے دیگا، چاہے اس کہ لیے کتنے ہی امتحان کیوں نہ دینے پڑیں۔ اس ملک کا ایک قانون بھی ہے، اور مسلمان اس قانون کا ہر طرح پابند ہے، اس بات کو بھی جان لینا چاہے۔

01-05-2000.

لڑکیاں لڑکوں سے آگے

اس سال ہماری ریاست میں میٹرک اور انٹرمیڈیٹ کے جو نتائج آئے ہیں ان میں کامیابی میں لڑکیوں کا فیصد لڑکوں سے بہت زیادہ ہے۔ان نتائج کے علاوہ بھی دیگر امتحانات اور خاص طور پر مسابقتی امتحانات وغیرہ میں بھی لڑکیوں کا مظاہرہ لڑکوں سے بہتر ہی ہوتا ہے۔ ہماری لڑکیاں لڑکوں کے مقابلوں میں زیادہ محنت اور دلچسپی سے تعلیم حاصل کررہی ہیں۔ان کا معمول ہوتا ہے کہ وہ صبح جلد اٹھ کر نماز بھی ادا کرتی ہیں اور پھر اسکول یا کالج جانے کی تیاری کرتی ہیں۔اسی دوران گھر کے کام کاج میں بھی ہاتھ بٹاتی ہیں اور وقت پر گھر سے نکل کر کالج پہنچ جاتی ہیں۔ وہاں سے واپسی کے بعد ہوم ورک، اسٹڈی اور دیگر تعلیمی مشاغل میں مصروف ہو جاتی ہیں۔

تعلیم ہی نہیں دیگر اسکولی مشاغل جیسے گیمس ،تحریری وتقریری مقابلوں ،سائنس اکزبیشن ، جنرل نالج کامپٹیشن وغیرہ میں بھی وہ لڑکوں کے مقابلے میں بہتر مظاہرہ کررہی ہیں۔ان کے برخلاف لڑکوں کی اکثریت اسکول اور کالج سے غائب رہتی ہے۔ وہ دن بھر آوارہ مزاج دوستوں کے ساتھ غیر اخلاقی حرکتوں میں مصروف رہتے ہیں۔ رات میں بھی گھر سے باہر گلی کے نکڑوں پر یا پھر ہوٹلوں ،سینما ہالوں میں ان کا وقت گزرتا ہے۔ آدھی رات کے بعد وہ گھر لوٹتے ہیں (پتہ نہیں ان کے والدین اتنی دیر گھر سے باہر رہنے پر ان سے باز پرس کیوں نہیں کرتے) اور آدھی رات کے بعد بستر میں جانے کی وجہ وہ صبح دیر تک پڑے سوتے رہتے ہیں۔ انہیں نہ تو نماز چھوٹنے کا۔۔

کا احساس ہے اور نہ اپنی تعلیم متاثر ہونے کی پرواہ۔ وہ اپنے ماں باپ، گھر کے دیگر بڑے لوگوں یا اپنے اساتذہ کا بھی پاس و لحاظ نہیں کرتے۔ انہیں نقل کر کے کامیاب ہو جانے کی پوری پوری امید ہوتی ہے۔ وہ اکثر ایک دو پرچوں میں جن میں انہیں نقل کرنے کے مواقع نہیں ملتے فیل ہو جاتے ہیں اور پھر بار بار فیل ہو کر تعلیم سے دور ہو جاتے ہیں۔

آج لڑکیوں کو اسی باعث اچھے رشتے نہیں مل پاتے۔ لڑکیاں پڑھ لکھ کر گریجویٹ اور پوسٹ گریجویٹ ہو جاتی ہیں، لڑکے نان میٹرک یا بہت پڑھ لئے تو انٹر میڈیٹ کی حد تک محدود ہو کر رہ جاتے ہیں۔ ظاہر ہے پڑھی لکھی لڑکیاں اپنے سے کم تعلیمیافتہ اور بیروزگار اُجڈ گنوار آوارہ مزاج لڑکوں کو پسند نہیں کرتیں۔ اس لئے انہیں مناسب رشتے نہ ملنے سے ان کی شادیوں کا مسئلہ پیدا ہو جاتا ہے۔

والدین کو چاہیئے کہ وہ سنجیدگی سے اپنے لڑکوں کی تعلیم کی طرف توجہ دیں اور انہیں راہ راست پر لائیں کہ لڑکیوں کے سامنے انہیں شرمندگی نہ ہو۔ ورنہ آنے والا زمانہ صرف لڑکیوں کا ہوگا اور لڑکے احساس کمتری کا شکار ہو کر کہیں کے نہ رہیں گے۔ لڑکیاں کماتی رہیں گی اور لڑکے گھر کے کام کاج کے لئے مختص ہو کر رہ جائیں گے۔

اللہ سے دعاء ہے کہ وہ ایسی صورتحال پیدا ہونے نہ دے ہمارے لڑکوں کو بھی صحیح سوچ اور عمل کی توفیق اعطا کرے اور وہ بھی پڑھ لکھ کر باشعور اور کام کے قابل ہو جائیں تا کہ باعزت زندگی گزار سکیں۔

01-05-05

دولت بٹورنے کی فکر

حضرت عمر فاروقؓ کے دور خلافت کا واقعہ ہے کہ ایک جنگ میں فتح کے بعد مال غنیمت جو حاصل ہوا اسے لاکر خلیفہ معظم کے سامنے ڈھیر کیا جانے لگا۔ دیکھتے ہی دیکھتے مال و اسباب کے ڈھیر لگ گئے۔ کسی بھی اسلامی جنگ میں اس قدر مال غنیمت حاصل نہیں ہوا تھا۔ جنگ میں حصہ لینے والے صحابہؓ کرام خوش تھے کہ آج انہیں بڑی مقدار میں مال ملے گا اور کسی حد تک ان کی ضرورتوں کی تکمیل ہو سکے گی۔ لیکن دوسری طرف خلیفۃ المسلمین حضرت عمر فاروقؓ کی چشم مبارک سے آنسو رواں تھے یہ دیکھکر صحابہؓ نے آپ سے دریافت کیا۔ یا امیر المومنین۔ کیا بات ہے۔۔؟ اس خوشی کے موقع پر آپؓ کی آنکھوں میں آنسو ہیں۔؟ دیکھئے سب لوگ فتح کی خوشیاں منا رہے ہیں۔ مجاہدین کی خوشیاں تو دوبالا ہیں کہ بڑی مقدار میں مال غنیمت بھی حاصل ہوا ہے۔ اور اس خوشی کے موقع پر آپ رنجیدہ ہیں۔۔؟

امیر المومنین حضرت عمر فاروقؓ نے جواب دیا۔ کیاں آپ لوگوں کو حضور ﷺ کی وہ حدیث یاد نہیں کہ۔۔ میری اُمت کا فتنہ مال ہے۔۔ مجھے ڈر ہے کہ کہیں یہ ہم سب کو عیش و عشرت میں مبتلا نہ کردے اور ہم اپنے مقصد حیات سے دور ہو جائیں۔

ایک وہ لوگ تھے جو مال و اسباب کی زیادتی پر غمگین ہو جاتے تھے اور ایک ہم ہیں کہ آج مال و دولت کے پیچھے دوڑ رہے ہیں۔ ہمیں حلال اور حرام کی بھی تمیز نہیں رہی، رشوت خوری، دوسروں کی حق تلفی، یہاں تک کہ چوری کو بھی ہم نے برا سمجھنا چھوڑ

دیا ہے۔ہم نے اپنی زندگی کا مقصد دولت کمانا اور عیش کرنا ہی سمجھ لیا ہے۔عیش پرستی نے ہمیں اللہ اور اس کے احکام سے دور کردیا ہے۔اس کا ہمیں احساس ہی نہیں رہا ہے۔خدا پرستی چھوڑ کر ہم مادہ پرستی کی طرف راغب ہو گئے ہیں۔ہر شخص نے اپنی ضرورتوں کے دائروں کو اس قدر وسیع کرلیا ہے۔کہ عزت اور محنت سے کمائی ہوئی روزی اس کے لئے کم پڑ رہی ہے، اور ان بیجا ضرورتوں کی تکمیل کے لئے ہم دیوانہ وار دوڑ رہے ہیں۔ہم میں سے کوئی رشوت خوار بن گیا ہے۔تو کوئی سود خوار۔کوئی چور تو کوئی غاصب، دولت کی لوگوں کو اس قدر ہوس ہوگئی ہے کہ دولت کمانے کوئی خلیجی ممالک کو جارہا ہے تو کوئی اور کہیں۔اپنوں سے دور ضعیف ماں باپ سے بیوی بچوں سے دور۔ان کو بس کمانا ہے اور اپنی اور اپنے بیوی بچوں کی جائز اور ناجائز ضرورتوں کی تکمیل کرنا ہے۔انہیں یہ بھی پتہ نہیں کہ ان کی غیر موجودگی میں ان کے گھر کا کیا حال ہے ان کے بغیر ان کے بچوں کی تعلیمی اور اخلاقی حالت کیا ہے۔اگر ان کی غیر موجودگی کی وجہ سے گھر والے اخلاقی طور پر تباہی کی طرف جارہے ہوں تو اس کا ذمہ دار کون ہے۔

عزت دولت اور شہرت کمانے کی ہر شخص کو خواہش ہوتی ہے اور یہ تینوں چیزیں جائز طریقہ سے حاصل کرنا بھی چاہیئے مگر ان کے حصول کے لئے ناجائز راستے استعمال کر کے ہم اپنی دنیا تو بنا سکتے ہیں مگر آخرت کا کیا ہوگا۔۔۔؟ کیونکہ آخرت کی زندگی ہی دائمی زندگی ہے۔علامہ اقبال نے اس سلسلہ میں کہا ہے۔

اے طائر لاہوتی اس رزق سے موت اچھی | جس رزق سے آتی ہے پرواز میں کوتاہی

01-08-05

نوجوانوں کی بے راہروی۔لمحہ فکر

آج ہمارے معاشرے میں ہمارے نوجوانوں کی بے راہروی موضوع بحث بنی ہوئی ہے یہ نوجوان اپنے فرائض اور ذمہ داریوں سے یکسر لاپرواہ ہیں، انہیں نہ تو اپنی گھر کی فکر ہے اور نہ ہی اپنے مستقبل کے تعلق سے انکا کوئی لائحہ عمل ہے، تن آسانی فیشن پرستی، فضول خرچی، آوارہ گردی اور گروہ بندیوں میں الجھ کر یہ اپنے مستقبل کیلئے ایک سوالیہ نشان بن گئے ہیں، حالانکہ ان کی تعلیم وتربیت کیلئے ان کے والدین ان پر ہزاروں روپئے خرچ کر رہے ہیں، ان کے ہر دکھ سکھ کا خیال رکھا جاتا ہے، انکے ہر خواہش کی تکمیل ہورہی ہے، والدین کو ان سے یہ امید ھیکہ وہ آگے چل کر اپنے گھر کی ذمہ داری سنبھالینگے اپنے ماں باپ کا سہارا بنینگے، مگر دیکھا یہ جارہا ہے کہ ہمارے یہ نوجوان خود اپنا ہی سہارا بننے کے قابل بھی ہو نہیں پارہے ہیں، ہمارے ایک دوست نے اچھے عہدے پر ملازمت کر کے سبکدوش ہوئے ان کے تین بیٹے اور دو بیٹیاں ہیں، بیٹیوں کی اچھے گھرانوں میں شادیاں ہو چکی ہیں، مگر بیٹے ان کیلئے دردسر بنے ہوئے ہیں، حالانکہ انہوں نے بچوں کو اچھا پڑھایا ہے، گریجویٹ ہی نہیں انجنیر بھی بنایا ہے، ان پر اپنی ساری کمائی لگادی ہے، لیکن نتیجہ یہ نکلا کہ یہ بچے آج بھی اپنے باپ پر بوجھ بنے ہوئے ہیں، بچوں کی غلط پلاننگ نے ان کی آبائی جائیداد جس کی لاگت لاکھوں روپئے تھی فروخت ہو چکی ہے، اور یہ بچے اتنی بڑی رقم کاروبار میں نقصان کے نام پر برباد کر چکے ہیں، اب حال یہ ھیکہ باپ کی پنشن پر سارے خاندان کی گزر بسر

ہے، ذاتی مکان جاتا رہا، اب کرائے کے مکان میں مقیم ہیں، بیٹوں کی شادیاں ہو چکی ہیں، وہ اپنی بیویوں کی فرمائش کی تکمیل کیلئے بھی پیسوں کیلئے اپنے والدین ہی کو تنگ کرتے ہیں، ہمارے دوست نے نہایت ہی دلبرداشتہ ہو کر ایک مرتبہ اپنی آنکھوں میں پانی لا کر کہا کہ کاش میں بے اولاد ہوتا تو یہ روزمرہ کی پریشانی تو نہ ہوتی، اس تعلق سے یہ کہنا بھی غلط نہیں ہوگا کہ اولاد کی تربیت میں کہیں نہ کہیں ماں باپ سے بھی غلطیاں ہوتی ہیں، پہلے تو وہ اپنے اولاد کی بے راہ روی کو نظر انداز کر دیتے ہیں، انہیں اسوقت ہوش آتا ہے، جب چڑیاں کھیت چر چکی ہوتی ہیں، اب وہ صرف روتے بسورتے اور اپنی قسمت کو کوستے رہ جاتے ہیں، اور اب یہ صورتحال عام ہو چکی ہے، ہمیں چاہیے کہ اپنے بچوں کی پرورش اور تعلیم و تربیت پر شروع ہی سے نظر رکھیں بچوں کی روزمرہ کی مصروفیات پر بھی نظر رکھیں اور دیکھیں کہ انکے روز و شب کیسے گزر رہے ہیں، وہ کیا کر رہے ہیں، کیسی صحبتوں میں اٹھ بیٹھ رہے ہیں، اپنے مستقبل کے بارے میں وہ کیا سوچتے ہیں، ان سب باتوں پر گہری نظر رکھنے اور قدم قدم پر انکے رہنمائی کرتے رہنے کی ضرورت ہے، اگر یہ سب نہ کر کے ہم اپنے بچوں کو کھلا چھوڑ دینگے تو وہ غلط صحبتوں میں پڑ کر صرف اپنے ماں باپ اپنے خاندان ہی کیلئے نہیں بلکہ اپنے معاشرہ کیلئے بھی ایک مسئلہ بن جائینگے۔ دیکھا یہ بھی جا رہا ہے کہ جاہل اور آوارہ بچوں کی صحبتوں کی وجہ شریف اور معزز گھرانوں کے بچے بھی بد اخلاق اور بدتمیز ہوتے جا رہے ہیں، والدین کو سب سے پہلے اپنے بچوں کے صحبتوں کے دائرہ پر نظر رکھنے کی ضرورت ہے

01-10-2003

گجرات کا زلزلہ۔ایک جائزہ

یہ حقیقت ہیکہ انسانیت جب گمراہی کے راستے پر چل کر عیش ونشاط میں مبتلا ہو جاتی ہے تو اللہ تعالیٰ اسے راہ راست پر لانے کیلئے آفات ارض وسماوی سے دوچار کرتا ہے، اور انسان خدا کی اس پکڑ پر بھی اُس کی طرف رجوع نہیں ہوتا ہے تو بالآخر اُسے صفحہ ہستی ہی سے مٹا دیا جاتا ہے اللہ تعالیٰ اپنے پاس ایک ایسی بڑی طاقت رکھتا ہے جسے کوئی چیلنج نہیں کرسکتا۔ گجرات کا حالیہ زلزلہ اللہ تعالیٰ کی قدرت کا ایک معمولی نمونہ ہے۔

گجرات میں زلزلے سے جو قیامت خیز تباہی ہوئی ہے اور انسانوں کا جو جانی اتلاف اور مالی نقصان ہوا ہے اس کا صحیح اندازہ لگانا مشکل ہے لیکن یہ غور کرنا ضروری ہے کہ اس زلزلے کے اسباب کیا ہوسکتے ہیں۔ سائنسداں سائنسی انداز نظر سے اس کی تحقیق کر رہے ہیں لیکن عام طور پر لوگ اسے قہر خداوندی سے تعبیر کر رہے ہیں، بعض لوگوں کا خیال ہے کہ ایک مخصوص گروہ کی جانب سے مسلمانوں پر کیے جاتے رہنے والے جبر و تشدد کی وجہ یہ آفت آئی ہے۔ بعض حلقے اس زلزلے کو بابری مسجد کی شہادت سے جوڑ رہے ہیں اور کہتے ہیں کہ بابری مسجد کی شہادت کے بعد ہی سے ملک میں آفات سماوی میں اضافہ ہوا ہے، کلاری ولاتور کے زلزلے سورت میں طاعون کی وباء اڑیسہ کا سوپر سائکلون اور اب یہ گجرات کا زلزلہ ایک ہی زنجیر کی کڑیاں ہیں، جہاں تک ریاست گجرات کا معاملہ ہے اس ریاست کے حکمرانوں کے تعلق سے بھی یہ بات عام ہیکہ انہیں جمہوریت اور سیکولرزم پر یقین نہیں ہے، گجرات کو ہندوتوا کی تجربہ گاہ بنانے کے جوش اور

جنون میں وہاں کے چیف منسٹر نے جو اقدامات کئے ہیں اس سے یہی ظاہر ہوتا ہیکہ وہ ایک مخصوص طبقہ کی بالا دستی چاہتے ہیں، سنگھ پریوار کی جڑیں اگر کسی ریاست میں مضبوط ہیں تو وہ یہی ریاست گجرات ہے، بی جے پی کے صدر مسٹر اڈوانی نے بھی یہیں سے اپنی خونی رتھ یاترا کا آغاز کیا تھا، سومناتھ کے حوالے سے مسلمانوں کو اس ریاست میں عرصہ دراز سے تنگ کیا جاتا رہا ہے، بابری مسجد کی شہادت کے بعد یہاں جو خون ریز فسادات ہوئے تھے وہ اپنی مثال آپ ہیں، سورت اور دیگر علاقوں میں مسلم عورتوں کی کھلے عام عصمت ریزی کی گئی اور ان کے برہنہ ویڈیو کیسٹ بنا کر ملک کے دوسرے علاقوں کو بھجوائے گئے، یہ سب کچھ ہوتا رہا اور قدرت دیکھتی رہی، اور پھر جب زلزلے کی صورت میں قدرت کا کوڑا پڑا تو انسان کی بے بسی ایک جیتی جاگتی تصویر بن گئی اس زلزلہ میں ایک لاکھ سے زائد جانیں گئیں، کئی بستیوں کا وجود ہی نہیں رہا، اربوں روپیوں کی املاک تلف ہوگئیں لاکھوں زخمی پڑے ہوئے ہیں، ظالموں کے ساتھ معصوم لوگ بھی اس عذاب کا شکار ہوگئے ہیں، زلزلے طوفان اور سیلاب آتے جاتے رہینگے اور ہمیں ان سے عبرت حاصل کرنا اور خود کو سدھارنا ہوگا، مصیبت کی یہ گھڑیاں شکوہ شکایتوں کی نہیں بلکہ مصیبت زدہ لوگوں کی مدد کرنے کی ہیں، یہ بات ایک حقیقت ہے کہ ساری انسانیت خدا کا کنبہ ہے خدا اپنے کنبے کی مدد کرنے والوں سے خوش ہوتا ہے۔

01-02-2001.

مسلم معاشرہ گندگی کے دلدل میں

ادھر کئی دنوں سے اُردو اخبارات میں ایسی شرم ناک خبریں آرہی ہیں، جنہیں پڑھ کر نہ صرف دل کڑتا ہے بلکہ سر بھی شرم سے جھک جاتا ہے، یہ حقیقت بھیانک روپ میں سامنے آتی ہے کہ مسلم معاشرہ جو کبھی اُسوۂ حسنہ سے روشن تھا۔ دنیا کی دیگر اقوام کے لئے مثالی تھا جس پر اللہ کی رحمتیں نازل ہوا کرتی تھیں آج کس قدر پستی میں پڑا ہوا ہے ذلت میں گھرا ہوا ہے۔ اب یہ سوال سامنے آتا ہے کہ کیا ہم وہی مسلمان ہیں جن کے کردار اور ایمان کی حرارت کے سامنے دنیا کی بڑی سے بڑی طاقت لوہا لیتے ہوئے ڈرتی تھی۔ مسلمانوں نے اللہ کا نام لے کر ساری دنیا کو زیر کیا تھا۔ مسلمانوں کی بہادری اور ایمانداری کے کارناموں سے دنیا کی تاریخ بھری پڑی ہے۔ اب وہی مسلمان جن کے دلوں سے ایمان کی حرارت جاتی رہی، اُسوہ حسنہ نکل گیا۔ جن کے دلوں سے خوفِ خدا ختم ہو گیا۔ دنیا کے سامنے اپنی بداعمالیوں کی ناقابلِ یقین مثالیں پیش کررہے ہیں۔ دنیا کی دیگر اقوام کے سامنے ذلیل وخوار ہورہے ہیں۔ آپ اخبارات کی ان خبروں کو دیکھیں تو معلوم ہوگا کہ ان کی بدافعالی سے ساری قوم رسوا ہورہی ہے۔ کبھی خبر آتی ہے کہ ایک باپ نے ایک کے بعد ایک اپنی دو بیٹیوں کی عصمت دری کی ہے۔ ایک لڑکی یہ ذلت سہہ نہ سکی خودکشی کرکے اپنی جان دے دی۔ اور دوسری بیٹی نے حاملہ ہوکر دنیا کے سامنے اسے بدترین واقعہ کو آشکار کیا ہے۔ کہیں سے خبر آتی ہے کہ ایک بھائی نے اپنی سگی بہن سے منہ کالا کیا ہے۔ کبھی خبر آتی ہے کہ ایک سسرے نے اپنی بہو کی عصمت دری کی ہے۔ کہیں سے ایک دیور کا اپنی بھابھی سے دست درازی کا واقعہ سامنے آتا ہے تو کہیں

سے ایک بہنوی کا اپنی سالی کی عصمت پر ہاتھ ڈالنے کا واقعہ منظر عام پر آتا ہے۔ کبھی خبر آتی ہے کہ ایک بیوی نے اپنے آشنا کی مدد سے اپنے شوہر کو قتل کر ڈالا تو کبھی خبر چھپتی ہے کہ اپنی بیوی کے چال وچلن پر شک کرتے ہوئے ایک شوہر نے اسے قتل کر ڈالا۔

جہز کم لانے کی سزا کے طور پر بہوؤں کو زندہ جلانے کے واقعات تو عام بات ہیں۔ جائیداد کیلئے بیٹوں کا ضعیف باپ کو ہلاک کرنا یا بھائیوں کا آپس میں لڑ مرنا بھی عام ہو گیا ہے۔ ابھی کچھ دن قبل خبر آئی تھی کہ ایک سگے پھوپا نے اپنے سالے کے ڈھائی سالہ معصوم بچے کو اغوا کیا پھر گلا گھونٹ کر اسے مار ڈالا ہے۔ نقلی عاملوں کا بھولی بھالی عورتوں کو ٹھگنے انہیں اُلو بنانے ان کا جنسی استحصال کرنے کی خبریں بھی عام ہیں۔ ایک نقلی عامل نے تو ایک نوجوان لڑکی کی جان ہی لے لی۔ اس طرح کے واقعات کا مسلم معاسرے میں پیش آنا کیا ہمارے لئے شرمناک نہیں ہے۔ کیا ایسی باتیں ہمارے لئے سوالیہ نشان نہیں ہیں۔۔؟ کہ مسلم لڑکیاں غیر مسلم نوجوانوں سے میل ملاپ رکھ کر اُن کے ساتھ بھاگ کر ان سے شادیاں کر رہی ہیں۔ بعض کالج کی سطح پر تعلیم حاصل کرنے والی مسلم لڑکیاں اپنے اخراجات کی تکمیل کیلئے وقتی طور پر کال گرل تک بن جانے کو تیار ہوتی ہیں اور ان کے شریف والدین کو پتہ بھی نہیں چلتا۔ اور اگر کبھی معلوم بھی ہو جائے تو وہ محض اپنی عزت کی خاطر ایسے واقعات کی پردہ پوشی کر دیتے ہیں۔ اب سوال یہ ہے کہ ایسے واقعات ہمارے معاشرہ میں کیوں پیش آرہے ہیں۔ اور ان کی روک تھام کے لئے ہمیں کیا اقدامات کرنا چاہیئے۔ اس مسئلہ پر ہمارے علماء ہمارے دانشور اور سماجی قائدین کو سوچنا چاہیئے۔ ورنہ نا معلوم ہم پر خدا کا کونسا۔۔۔ عذاب آئے گا۔ اللہ ہمیں صحیح سوجھ اور نیک عمل کی توفیق عطا کرے، اور اپنے عذاب سے محفوظ رکھے۔

1-06-2005

افسوس ہوتا ہے

اکثر پڑھے لکھے قابل ترین اور اعلیٰ عہدوں پر فائض حضرات سے ملاقات ہوتی رہتی ہے، انکی بات چیت ان کے ملنے کے انداز اور انکے طور طریق کو دیکھ کر خوشی بھی ہوتی ہے، لیکن دوران گفتگو جب یہ پتہ چلتا ہیکہ وہ اپنی مادری زبان اُردو لکھ پڑھ نہیں سکتے تو بڑا افسوس ہوتا ہے اور ساری خوشی کافور ہو جاتی ہے، ایسے موقع پر انکی بے مائیگی دیکھنے کے قابل ہوتی ہے، ایک شخص جس نے اتنی تعلیم حاصل کی ہے کہ ایک بڑے عہدے پر فائض ہے اور یہی شخص اپنے مادری زبان سے محروم ہے، تو اس میں کس کا قصور ہے کیا یہ اسکے ماں باپ کا قصور ہے جنہوں نے اپنے بیٹے کو سب کچھ سکھایا مگر مادری زبان ہی سے محروم رکھا یا خود انکا جنہوں نے سب کچھ سیکھا تو ہے لیکن مادری زبان ہی نہیں سیکھی حالانکہ یہ کوئی مشکل کام نہیں ہے، ذرا دلچسپی لی جائے تو چند مہینوں میں اُردو لکھ پڑھ سکتے ہیں، میں ایسے کئی لوگوں سے واقف ہوں جو قرآن نہیں پڑھ سکتے، انہیں نماز میں پڑھی جانے والی چھوٹی چھوٹی سورتیں اور دعائیں بھی یاد نہیں یعنی یہ لوگ صحیح طریقہ سے نماز بھی نہیں پڑھ سکتے، چونکہ انہیں اُردو پڑھنا نہیں آتا اس لئے وہ احادیث بھی نہیں جانتے مذہبی مسائل سے بھی واقف نہیں چونکہ مسلم گھرانے میں پیدا ہوئے ماں باپ نے مسلم نام رکھا اسلئے مسلمان کہلائے، دنیا داری سیکھی دنیا کی دیگر زبانیں سیکھیں لیکن اُردو عربی نہیں پڑھ سکتے دیکھنے میں تو یہ ایک معمولی سی بات کہ ایک شخص مسلمان ہوتے ہوئے بھی اپنے مذہب سے اور اسکی بنیادی باتوں سے واقف نہیں۔

نماز پڑھنے کے قابل ہے نہ تو درود و سلام پڑھنے کے لائق۔ جب یہ خود اس قابل نہیں ہے تو اپنی اولاد کو کس قابل بنائیگا، سوچنے کی بات ہے، لحاظہ ہم دیکھ رہے ہیں، کہ آج کی نئی نسل جو اُردو سے نہ واقف ہوتی ہے وہ اپنے دین سے اور دینی مسائل سے بھی نہ واقف ہے اور تمام غفلتوں کے ذمہ دار وہ ماں باپ ہیں جو اپنی اولاد ہی کو نہیں بلکہ آنے والی نسل کو بھی اپنے مذہب اپنے دین سے دور کرنے کے جرم کے مرتکب ہو رہے ہیں، ایسے لوگوں سے مل کر افسوس نہیں ہوگا تو اور کیا ہوگا، یہ نام کے مسلمان جو صرف دنیا کے پیچھے بھاگ رہے ہیں، کون سدھارے گا انہیں۔

میری تمام اُردو والوں سے اپیل ھیکہ وہ اُردو زبان کی اہمیت کو جانیں اور اپنے بچوں کو اُردو ضرور پڑھائیں کہ وہ اُردو کے ساتھ ساتھ قرآن و حدیث پڑھنے کے قابل ہو جائیں، اور سارے مذہبی مسائل سے واقف ہو سکیں۔ ان میں لسانی اور مذہبی شعور پیدا ہو، ہم اُردو والوں کا کام ھیکہ ایسے اُردو سے نہ واقف لوگوں کو ڈھونڈیے اور انہیں اُردو پڑھنے کی نہ صرف ترغیب دیں بلکہ ان کو اُردو پڑھانے کی سعی بھی کریں۔

01-12-2003

دنیا کی باطل پرست طاقتیں اور ہم

حدیث مبارکہ ہے کہ رسول ﷺ نے صحابۂ کرام کو خطاب کرتے ہوئے فرمایا کہ میری امت پر وہ وقت آنے والا ہے جب دوسری امتیں اِس پر اُس طرح ٹوٹ پڑیں گی جس طرح کھانے کیلئے لوگ دسترخوان پر ٹوٹ پڑتے ہیں۔ تو کسی نے کہا! یارسول ﷺ آپ جس زمانے کا بیان فرمارہے ہیں اس زمانے میں کیا مسلمان اتنی کم تعداد میں ہوں گے کہ ہم کو نگل لینے کے لئے دیگر قومیں متحد ہوکر ٹوٹ پڑیں گی۔ آپ ﷺ نے فرمایا نہیں اس زمانے میں تمہاری تعداد کم نہ ہوگی بلکہ تم بہت بڑی تعداد میں ہوں گے۔ لیکن تم سیلاب کے جھاگ کی طرح ہو جاؤ گے، اور تمہارے دشمنوں کے سینے سے تمہاری ہیبت نکل جائے گی اور تمہارے دلوں میں پست ہمتی گھر کرے گی۔ ایک شخص نے پوچھا اے اللہ کے رسول ﷺ یہ پست ہمتی کس وجہ سے آئیگی۔۔۔؟ آپ ﷺ نے فرمایا کہ اسکی وجہ یہ ہوگی کہ تم آخرت سے محبت کرنے کے بجائے دنیا سے محبت کرنے لگو گے اور خدا کی راہ میں جان دینے کی آرزو کے بجائے موت سے بھاگنے لگو گے۔

آج ہم دیکھ رہے ہیں کہ دنیا کی دیگر اقوام مسلمانوں پر اسی طرح ٹوٹ پڑ رہی ہیں جیسے کھانے والے دسترخوان پر ٹوٹ پڑتے ہیں۔ ہم نے دیکھا کہ افغانستان میں کیا ہوا۔ عراق میں کیا ہورہا ہے۔ فلسطین میں کیا ہو رہا ہے، گذشتہ نصف صدی سے ہندوستان میں ہندوستانی مسلمانوں کے ساتھ کیا ہو رہا ہے۔ یہاں کی فرقہ پرست تنظمیں حکومت کی سرپرستی میں ہمیں خوف زدہ کرنے کیلئے کیا کیا ہتھکنڈے اپنا

رہی ہیں اور موقع بہ موقعہ انہیں استعمال بھی کر رہی ہیں۔ اب کہاں ہے اسلام کی وہ اسپرٹ جس کی وجہ سے تین سو تیرہ افراد بارہ ہزار پر غالب آ گئے تھے۔ نبی کریم ﷺ کی پیشن گوئی آج سارے عالم کے مسلمانوں پر صادق آ گئی ہے۔ کیونکہ ہم مادہ پرست اور تعیش پسند ہو گئے ہیں۔ صبح نماز کیلئے اُٹھنا ہمارے لئے ممکن نہیں کیونکہ ہم آدھی رات کے بعد تک بھی جاگتے ہیں اور اللہ کی نافرمانی میں مصروف رہتے ہیں، نیکی کی راہ پر ہمارا ایک قدم بھی اٹھانا مشکل ہے کیونکہ ہم برائی کی راہ پر سرپٹ دوڑ رہے ہیں، آخرت کا خوف ہمارے دلوں سے نکل گیا ہے، اور ہمارے دلوں میں دنیا کی محبت گھر کر چکی ہے، ہم اللہ سے نہیں ڈرتے ہیں۔ کیونکہ ہم اب موت سے ڈرنے لگے ہیں۔

اب بھی ہم حالات کو بدل سکتے ہیں بشرطیکہ ہم خود کو اس کیلئے تیار کریں، دنیا کی جھوٹی محبت کو اپنی سینوں سے نکال پھینکیں، اچھے بُرے اور حلال و حرام میں تمیز پیدا کریں ہاگر ایسا کر سکیں تو پھر دنیا کی یہ باطل پرست طاقتیں ایک بار پھر ہمارے قدموں میں ہونگی۔ اللہ ہمیں صحیح عمل کی توفیق دے اور ایک بار پھر ہمیں دنیا کی ان قوموں پر غالب کر دے جو ہمیں مٹانے کے سامان جٹانے میں لگی ہیں۔

01-07-2003

عورتوں کی فضول خرچیاں

حضور اکرم ﷺ نے اُمت کی خواتین کو یہ ہدایت فرمائی ہے کہ وہ گھر کے اندر ہی رہیں اور باہر نکل کر بازار کی زینت نہ بنیں۔ لیکن ادھر چند برسوں سے یہ دیکھا جا رہا ہے کہ عورتیں گھر سے نکل کر بازاروں میں پہنچ رہی ہیں۔ اور مرد حضرات جن کی ذمہ داری گھر کی ضرورت کا سب سامان خرید کر گھر پہنچانا ہے اپنی ان ذمہ داریوں کو عورتوں کے کندھوں پر ڈال کر خود مطمئین ہو گئے ہیں۔ انہیں اس کی بھی فکر نہیں کہ بازاروں میں ان کی عورتوں کے ساتھ کیا سلوک کیا جا رہا ہے۔ دوکاندار انہیں کتنا لوٹتے ہیں۔ زیادہ قیمت بتا کر ان سے کس قدر زائد رقم بٹور لیتے ہیں۔

رمضان المبارک کے دوران میں تو دیکھا جاتا ہے کہ سارا بازار عورتوں ہی سے بھرا ہوا ہے۔ آدھی رات کے بعد تک بھی عورتیں بازاروں میں گھوم رہی ہیں اور خریداری میں مصروف ہیں اور ان کے مرد گھروں میں آرام سے سو رہے ہیں۔ عورتیں گھر کی روزمرہ کے استعمال اور خورد نوش کی اشیا ہی نہیں اپنے اور اپنے گھر کے تمام افراد کے کپڑے جوتے چپل آرائش و زیبائش کی ساری چیزیں سنگھار کا ساز و سامان چوڑیاں مہندی وغیرہ خود خریدتی پھر رہی ہیں اور ان اشیاء کی خریدی میں اس قدر خرچ کر رہی ہیں کہ بات سمجھ سے باہر ہے۔ اکثر متوسط طبقہ کی عورتیں تو ایک ہزار سے کم قیمت کی ساڑیوں کی طرف دیکھتی بھی نہیں۔ دس بارہ سال کے بچوں کیلئے ہزار بارہ سو کے شلوار سوٹ یا ڈریس۔ دو تین سو روپیوں کی چپلیں اور پھر ڈیڑھ دو سو روپیوں کا سنگھار کا سامان

خریدتی ہیں۔اس طرح ایک بچی کے اوپر تقریباً دو ہزار روپیہ خرچ کردیتی ہیں۔اس سے اندازہ لگائیے کہ ایک خاندان پر وہ کتنی رقم خرچ کردیتی ہوں گی۔اتنی رقم وہ اپنے شوہروں سے زور وزبردستی وصول کرتی ہوں گی۔؟جو لوگ پیسے والے ہیں ان کیلئے یہ اخراجات زیادہ بار نہیں ہیں لیکن جن لوگوں کی اتنی سکت نہیں ہے وہ اپنی بیویوں کی ان بے جا فرمائشوں کی تکمیل کیلئے رقم کہاں سے فراہم کرتے ہوں گے۔؟ ظاہر ہے قرض ہی لیتے ہوں گے۔اور پھر اس قرض پر سود بھی ادا کرنے پر مجبور ہو جاتے ہونگے اکثر شوہر بیویوں کی ان فضول خرچیوں کی وجہ ہی سے دفاتر میں رشوت خوری کے لئے بھی مجبور ہو جاتے ہونگے۔چوڑیوں کے جوڑوں کی خریداری پر بھی عورتیں بے دریغ روپیہ خرچ کردیتی ہیں۔چوڑیوں کا ایک جوڑا جو لاک اور کانچ کے چمکدار نگوں سے بنایا جاتا ہے جس پر بنانے والے کو مشکل سے پچاس روپیے کی لاگت آتی ہوگی اب یہ چوڑیوں کا جوڑا یہ عورتیں ہزار بارہ سو روپیہ میں خرید کر خوش ہوتی ہیں اور محض دکھاوے پر اپنے شوہر کی محنت سے کمائی ہوئی رقم کو غلط ڈھنگ سے خرچ کردیتی ہیں۔عورتوں کی فضول خرچیاں ان کا یہ طرز عمل کہاں تک درست ہے۔؟

اسلام سادگی پسند مذہب ہے۔اسلام میں فضول خرچی کو گناہ قرار دیا گیا ہے۔اللہ کے پاس ہر اسراف کو پوچھ ہوگی۔پھر بھی ہماری عورتیں ایسے راستے پر چل رہی ہیں جو معاشی طور پر مشکلات میں ڈالنے ولا ہے۔اللہ صحیح سوچ اور عمل کی توفیق دے۔(آمین)

01-11-2005.

ظلم کا انجام

ظلم کرنے والوں کا انجام سب جانتے ہیں کہ بہت برا ہوتا ہے۔ لیکن اس کے باوجود ہم کسی نہ کسی صورت میں دوسروں پر ظلم ڈھانے سے باز نہیں آتے۔ تاریخ گواہ ہیکہ جن جن لوگوں نے اور خاص طور پر جن جن حکمرانوں نے ظلم ڈھائے ہیں انکا عبرت ناک انجام ہوا ہے۔ ہلاکو اور چنگیز خان تاریخ کی بدنام ترین شخصیتیں ہیں۔ یزید اور اسکے لشکر نے حضرت امام حسینؓ اور ان کے ساتھیوں پر ظلم ڈھایا اور قیامت تک کے لئے ملعون قرار دیئے گیا۔ ان کی عاقبت بھی ظاہر ہے خراب ہی ہوگی۔ موجودہ دور میں بابری مسجد شہادت کے ذمہ دار پی۔ وی۔ نرسمہا راؤ کا کیا انجام ہوا وہ ہمارے سامنے ہے۔ بری موت مرنے کے بعد اسکی نعش کو آگ نے تک قبول نہیں کیا۔ اور وہ کتوں کے حوالے ہونے والی تھی مگر بعد میں اسے دوبارہ آگ دینا پڑا، آج کوئی بھی شخص پی۔ وی۔ نرسمہا راؤ کا نام عزت سے نہیں لیتا۔ آج ملک کی فرقہ پرست تو تیں مسلمانوں پر مظالم ڈھانے کے جو جو اقدامات کرتی رہتی ہیں ظاہر ہے ان کا انجام بھی برا ہی ہوگا۔ آج نریندر مودی کو اسکی ریاست گجرات کے باہر کوئی عزت دینے والا نہیں۔ خود ملکی سطح پر نریندر مودی کی پارٹی کی ہار کی ذمہ داری مودی پر عائد کرتے ہوئے اسکی پارٹی کے کئی قائدین نے اس سے نفرت کا اظہار کیا ہے۔ مودی کو امریکہ جیسے سامراجی ملک میں بھی داخل ہونے کی اجازت نہیں دی گئی۔ برطانیہ جانا چاہا تو وہاں موت کے سائے اس پر لہرانے لگے۔ ڈر کے مارے اس نے برطانیہ کا دورہ بھی منسوخ کردیا۔

یہ تو بڑے لوگوں کی مثالیں تھیں۔ ہم اپنے اطراف اپنے گلی کوچوں میں اپنے پڑوس میں دیکھتے ہیں کہ ظلم ڈھانے والوں کو کتنی عزت ملتی ہے۔ اگر لوگ ان سے ڈر کر ان سے کچھ نہ کہتے ہوں ان کے سامنے لیکن دل میں برا ہی سمجھتے ہیں انہیں غنڈوں اور آوارہ لوگوں ہی میں شمار کرتے ہیں۔ اور پھر اللہ کی بے آواز لاٹھی ایک دن انہیں عبرتناک سزا دے ہی دیتی ہے، اور پھر زمانہ دیکھتا ہے کہ وہ کیسی بری موت مرتے ہیں۔

اللہ رب العزت نے قرآن مجید میں بار بار ظلم کرنے والوں کو اپنے عبرتناک عذاب سے ڈرایا ہے۔ اللہ نے کہا ہے کہ مظلوم کی بد دعا فوری قبول کر لی جائیگی۔ اور ظالم کو اسکے انجام تک پہنچایا جائیگا۔ ظلم چاہے وہ کسی بھی سطح پر ہو ظلم بہرحال ظلم ہی ہے اور اس کا انجام بہت برا ہے۔ ہم طاقت کے نشے میں یہ نہیں سوچتے کہ ہم دانستہ یا نادانستہ ظلم کے مرتکب ہو رہے ہیں۔ آج اگر ہم طاقتور ہیں لیکن یہ ضروری نہیں کہ کل بھی ہم میں طاقت برقرار رہے۔ کل حالات بدل سکتے ہیں۔ ہماری طاقت اور ہمارا اقتدار کل چھینا بھی جا سکتا ہے اور کل پھر جب ہم سے حساب لیا جائیگا تب ہمارا کیا ہوگا کتنی آہیں اور کتنی بد دعائیں ہمارا پیچھا کریں گی اور خدا کا انصاف ہمیں کس منزل پر پہنچائے گا۔ ہمیں اپنا محاسبہ کرنا چاہیئے اور کسی پر ظلم کرنے سے بچنا چاہیئے۔

01-03-2005

اُردو کے وارث

جناب میر زاہد علی خان چیف ایڈیٹر روزنامہ سیاست نے نظام آباد میں ایک جلسہ ومشاعرے میں تقریر کرتے ہوئے فرمایا ھیکہ اُردو والوں کو چاہیے کہ وہ اپنا وارث تیار کریں تاکہ یہ زبان زندہ اور سلامت رہ سکے، انہوں نے کہا کہ آج نوجوان یہ طئے کرلیں کہ وہ جس طرح اپنی ماں کو چاہتے ہیں اسی طرح اپنی مادری زبان کو بھی چاہیں گے۔ اگر ہم سب اپنی مادری زبان کو چاہنے لگیں گے تو دنیا کی کوئی طاقت اُردو کو نقصان نہیں پہنچا سکے گی جناب زاہد علی خان نے خاص طور پر خواتین سے کہا ھیکہ یہ ذمہ داری ان پر عائد ہوتی ھیکہ وہ اپنے بچوں کو اُردو پڑھائیں اور اس زبان سے اپنی وابستگی کا ثبوت دیں، آپ اگر غور کریں تو یہ بات سمجھ میں آجاتی ھیکہ ہم اپنا خاندانی وارث تو پیدا کرتے ہیں، اپنی جائداد کو اپنے وارثوں میں تقسیم بھی کرتے ہیں، مگر اپنی مادری زبان ،تہذیب وثقافت کی بقاء کیلئے اپنا کوئی وارث تیار نہیں کرتے اور نہ ہی ان باتوں کی ہمارے پاس کوئی اہمیت ہے، کیونکہ ہم کسی اچھی اور کام کی بات کو اہمیت دینے کے عادی ہی نہیں ہیں، ہمارے پیش نظر تو ہمارا اپنا ذاتی مفاد رہتا ہے جو کسی اور کی طرف ہم کو دیکھنے نہیں دیتا ہم کو اس بات کی قطعی کوئی فکر نہیں ہوتی کہ ہماری تہذیب ہمارا معاشرہ اور ہماری زبان کے ساتھ آج کیا سلوک ہورہا ہے۔

کسی بھی قوم کی ترقی میں اسکی زبان کا اہم حصہ ہوتا ہے، اگر ہم یہ چاہتے ہیں کہ ہماری قوم بھی ترقی کے زینوں پر چڑھے تو ہمیں یہ بھی سمجھنا چاہیے کہ صرف ہمارے

چاہنے سے کچھ نہیں ہوتا، اسکے لئے ہمیں تیاری بھی کرنی پڑتی ہے، علم وعمل کے میدان میں نمایاں طور پر حصہ لینا پڑتا ہے، اپنی زبان اور تہذیب کو بھی ترقی کے راستے پر لانا پڑتا ہے ہم کو اس بات پر فخر ہیکہ ہم اُردو والے ہیں، اُردو کے ادیب وشاعر ہیں، اُردو کے اساتذہ ہیں صحافی ہیں دانشور ہیں لیکن ساتھ ہی ہمیں اس بات کی شرمندگی کا احساس بھی ہونا چاہیے کہ ہم نے اپنی آنے والی نسلوں کو اُردو سے دور کردینے کا ناقابل معافی جرم کیا ہے۔ یعنی ہم نے اپنی زبان کا کوئی وارث ہی تیار نہیں کیا ہے تو پھر ہمارے بعد ہماری زبان اور تہذیب کا کیا ہوگا، ہم اپنی زبان کو کس کے حوالے کرکے جائینگے کیا ہم یہ چاہینگے کہ ہمارے ساتھ ہی ہماری تہذیب، ہماری ثقافت، ہماری تاریخ اور ہماری زبان بھی دفن ہوجائے، ہم ایسا ہرگز نہیں چاہینگے کیونکہ ہمارے دل ابھی زندہ ہیں ہمارا ضمیر کبھی یہ گوارا نہیں کریگا کہ ہماری زبان اور ہماری تہذیب کو کوئی نقصان پہنچے ہم کو اپنی زبان کی بقاء کے بارے میں سونچنا ہے، ہم پر اس تعلق سے جو غفلت طاری ہے اسے دور کرنا ہے، ابھی زیادہ دیر نہیں ہوئی ہے، ہم اس زبان کو جو ہم کو اپنی ماں کی طرح پیاری ہے اس کی حفاظت کیلئے ہم ضرور اپنا وارث تیار کرینگے، اللہ ہماری مادری زبان کی حفاظت فرمائے (آمین)

01-11-2001.

ہم کب جاگیں گے

ملک کے حالات پر نظر ڈالی جائے تو یہ صاف اور واضح طور پر نظر آئیگا کہ ہندوستان کو نفرت اور فرقہ پرستی کی آگ میں جھونکنے کی تیاریاں تیزی سے کی جارہی ہیں۔ نصف صدی قبل فرقہ پرست ذہنوں نے آرایس ایس کے نام سے نفرت کا جو بیج بویا تھا اور کانگریس نے اقتدار حاصل کرنے کے بعد پچاس سال تک جو اسکی آبیاری کی تھی۔ اب یہ پودا ایک تناور درخت بن کر پورے ملک پر چھا گیا ہے۔ اب اس درخت کی ہر شاخ پر ایک سے بڑھ کر ایک زہریلا ناگ بیٹھا ہے جو اپنی گز گز بھر لمبی زبان سے زہر پھونک پھونک کر پورے ملک کو آلودہ کررہا ہے اس کا اثر ملک کی اقلیتوں پر بھیانک انداز سے پڑرہا ہے۔ آرایس ایس کے اس تناور درخت کے سائے میں پلنے اور بڑھنے والے دوسرے زہریلے پودے بھی وشواہندو پریشد بجرنگ دل شیوسینا اور اسی قبیل کے دیگر ناموں سے اقلیتوں کا عرصۂ حیات کم کرنے میں لگے ہوئے ہیں۔ اب وشواہندو پریشد نے اپنے دھرم سنسد میں اپنے ناپاک منصوبوں اور عزائم کا اعلان کیا ہے اور یہ ثابت کردیا ھیکہ انہیں ملک کے امن وامان کو دھرم کے نام پر درہم برہم کرنے کی کھلی چھوٹ حاصل ہے۔ اسی لئے وہ ہندوستان کے اندر سینکڑوں گجرات بنانے کا اعلان کر رہے ہیں، ان کی اس بیبا کی کو دیکھ کر یہ اندازہ لگایا جاسکتا ہے کہ انہیں ہر معاملہ اور ہر منصوبہ کی عمل آواری میں حکومت کی تائید حاصل ہے، کیونکہ ملک کی برسر اقتدار جماعت بھارتیہ جنتا پارٹی یہ سمجھتی ھیکہ جتنی شدت سے مسلم مخالف نعرے لگیں گے اتنی ہی تیزی

سے بی جے پی کا ووٹ بینک مستحکم ہوگا، اب تو یہ بنیاد پرست طاقتیں ملک میں آخری مہابھارت لڑنے کی باتیں کررہی ہیں۔ آخر یہ مہابھارت کس سے لڑی جائیگی دیکھا تو یہ جارہا ہے کہ خود بی جے پی کی یہ مرکزی سرکار گاؤ کشی کی سیاست سے ان طاقتوں کے ہاتھ مضبوط کررہی ہے ایودھیا کا مسئلہ عدالت میں زیر دوران رہنے کے باوجود بار بار اسے گرمایا جاتا ہے۔ حکمران جماعت ملک میں اتحاد پیدا کرنے اسے مستحکم بنانے کی بجائے ملک کے ہندوؤں اور مسلمانوں میں پھوٹ ڈال کر اپنی طاقت بڑھانا اور اپنا موقف مستحکم کرنا چاہتی ہے۔ اسی لئے وہ ملک میں آخری مہابھارت لڑنے کا اعلان کرنے والوں کے خلاف کوئی قانونی کاروائی نہیں کرتی۔

ملک میں یہ سب کچھ ہورہا ہے اور ملک کی سب سے بڑی اقلیت غفلت کی نیند سورہی ہے۔ اسے سنگھ پریوار اور حکومت کی سطح پر ہونے والی تبدیلیوں کا اندازہ ہی نہیں ہے۔ وہ اپنے خلاف ہونے والی سازشوں اور منصوبہ بندیوں سے بے خبر ہے، اقلیت میں جو دس فیصد باشعور لوگ ہیں وہ فکرمند ضرور ہیں لیکن وہ کچھ نہیں کرسکتے۔ جو طبقہ غریب ہے اسے تو ان سب باتوں کی خبر ہے نہ فکر وہ تو اپنی دو وقت کی روٹی کی فکر میں غلطاں و پریشان ہے۔ اور جو دولتمند لوگ ہیں وہ تو بس اپنی دولت کو دوگنی اور چوگنی کرنے کی فکر میں لگے ہوئے ہیں، اور ان کے بچوں کو عیش و نشاط اور عیاشیوں سے فرصت ہی نہیں ہے۔ وہ اپنے اطراف ہونے والی تبدیلیوں سے بے نیاز ہیں کہ کل کیا ہونے والا ہے۔ خدا خیر کرے!٭

01-03-2003

ادب ہی سے انسان ہے

ادب سے ہی انسان انسان ہے۔۔ادب جو نہ سیکھے وہ حیوان ہے

اب سے کوئی چالیس پینتالیس سال پہلے اکثر بڑے بوڑھوں کی زبان پر یہ شعر ہوا کرتا تھا، اس شعر کا مفہوم تو نہایت آسانی سے سمجھ میں آجاتا تھا، اور یہ شعر سنانے والوں کا مقصد اس وقت کی نئی نسل کو ادب سکھانا تھا، ہر شخص چاہے وہ بچوں کا سرپرست ہو رشتہ دار ہو یا پڑوسی بچوں کو ادب و اخلاق سکھانا اپنا فرض سمجھتا تھا، اور اس وقت کے بچے بھی اپنے سے بڑوں کا ادب و لحاظ کیا کرتے تھے، ان سے ادب واحترام سے پیش آتے تھے بے ادبی اور بد اخلاقی کو معاشرے میں بہت برا سمجھا جاتا تھا اور بے ادب لڑکوں کو آوارہ سمجھا جاتا تھا، ماں باپ اپنے بچوں کو ان بے ادب اور بد اخلاق بچوں سے دور رہنے کی تلقین کرتے۔اس طرح پورا معاشرہ نہایت صاف ستھرا ہوتا۔لیکن بدقسمتی سے آج کی اس نئی نسل کو ادب واخلاق کا مفہوم ہی نہیں معلوم۔اکثر گھرانوں میں بچے اپنے والدین تک کا ادب و لحاظ نہیں کرتے اور ان سے بدتمیزی سے پیش آتے ہیں والدین بھی ان کی اس روش کو جان بوجھ کر نظر انداز کر دیتے ہیں۔چونکہ ان سب کے لئے قصوروار بھی وہی ہوتے ہیں کہ جنھوں نے اپنے بچوں کو سب کچھ تو دیا ہے انہیں ہر طرح کا آرام دیا ہے ہر طرح کی سہولت دی ہے ان کی ہر خواہش اور ہر ضرورت پوری کی ہے مگر ان کی تربیت نہیں کی ہے انہیں معاشرے میں رہنے کے آداب نہیں سکھائے

بڑے ۔۔۔ چھوٹوں کا فرق نہیں بتایا، ملنے ملانے بات چیت کرنے کے آداب نہیں سکھائے اس لئے آج کے بچے ادب واخلاق کے زیور سے محروم ہیں اور وہ بدمزاج ضدی اور گھمنڈی ہوگئے ہیں۔ آج یہ بچے اعلیٰ تعلیم تو حاصل کررہے ہیں، مدرسے انہیں ڈگریاں تو فراہم کررہے ہیں، مگر انہیں ادب واخلاق کی بنیادی اور ضروری تعلیم سے دور رکھے ہوئے ہیں، پہلے کہا جاتا تھا باادب بانصیب ۔۔۔ بے ادب بے نصیب، اور یہ صحیح بھی ہے۔ کس قدر بلند نصیب والے تھے ہمارے آباواجداد جو صحت مند تروتازہ اور بے فکر تھے، اور کس قدر بدنصیب ہے ہماری نئی نسل جو کمزور لاغر اور بیمار ہے، اس نسل کو وہ کچھ بھی نہیں ملا ہے جو ہمارے بزرگوں کے حصہ میں آیا تھا، آج کی نسل کو پانی تک بھی خرید کر پینا پڑتا ہے، اس نسل کیلئے ہر سطح پر روزگار کے دروازے بند ہوتے جارہے ہیں، انکی تعلیم کا مسئلہ بھی نہایت مہنگا اور دشوار ترین ہے، اور ان کی شادی بیاہ بھی ایک مسئلہ بن گئی ہے۔

اگر آج کی نسل کو ادب واخلاق نہیں سکھائے گئے تو سوچئے انکے بعد آنی والی نسل کا کیا ہوگا۔ کیا وہ تعلیم یافتہ ہوتے ہوئے بھی "پتھر کے زمانہ" والے معاشرے میں نہیں پہنچ جائیگی، ہمیں سنجیدگی سے اس مسئلہ کو سمجھنا اور نئی نسل کو آداب معاشرت اور آداب زندگی اور اخلاق حسنہ سے واقف کروانا ضروری ہے، اللہ ہمیں صحیح سمجھ دے اور عمل کی توفیق عطاء کرے۔ (آمین)

01-03-2004

تقاریب میں مسلم لڑکیوں کا ناچ گانا

ادارہ گونج نظام آباد کے زیر اہتمام منعقدہ ایک مشاعرے کی ویڈیو ریکارڈنگ ہوئی تھی، اس ویڈیو کیسٹ کی ٹائٹلنگ کروانے کیلئے شہر کے ایک ویڈیو گرافک سنٹر میں جانا پڑا جہاں مختلف ویڈیو کیسٹوں کی مکسنگ اور ٹائٹلنگ کا کام چل رہا تھا دفعتاً میری نظر وہاں چل رہے ایک ٹی وی اسکرین پڑی کچھ نوجوان لڑکیاں شادی کی تقریب میں فلمی گانوں کی دھن پر ڈانس کر رہی تھیں پہلے تو میں سمجھا کہ کسی غیر مسلم گھرانے کی شادی کی تقریب ہوگی جہاں ناچ گانا جائز اور ضروری سمجھا جاتا ہے، مگر پوچھنے پر معلوم ہوا کہ یہ تو ایک مسلم گھرانے میں ہوئی شادی کی تقریب کی ویڈیو کیسٹ ہے وہاں کے ملازم نے مجھے یہ کہکر حیرت زدہ کردیا کہ صاحب آپ کو حیرت کیوں ہورہی ہے، یہاں روزانہ کئی کیسٹیں آتی ہیں جن میں سے بیشتر کیسٹوں میں مانجھے کی رسم کے موقع پر لڑکیاں ڈانس کرتی ہوئی نظر آتی ہیں، اب تو شادی میں ڈانس پروگرام ضروری ہوگیا ہے، اس نے چٹخارے لیتے ہوئے بتایا کہ یہ ڈانس تو کوئی خاص نہیں ہے بعض کیسٹوں میں تو تقریب میں شامل تقریباً سبھی عورتیں اور لڑکیاں مل کر ڈانس کرتی ہیں۔ وہ آگے اور بھی کچھ کہتا رہا مگر میں سن نہ سکا میرا دماغ کہیں اور تھا میں سوچ رہا تھا کہ آخر کیا ہوگیا ہے ہمارے معاشرے کو ہم کہاں سے کہاں پہنچ گئے ہیں، یہی رونا بہت تھا کہ شادی بیاہ کی تقاریب میں ویڈیو گرافک کا چلن عام ہوگیا ہے، خواتین کی بے پردگی ہورہی ہے مگر اب تو خواتین ولڑکیاں ان تقاریب میں ناچ گانا بھی کر رہی ہیں،

اور اسکی باقاعدہ فلم بندی بھی ہو رہی ہے، کیا ان گھرانوں میں مرد بالکل ناکارہ ہو گئے ہیں، وہ یہ کس طرح دیکھ رہے ہیں کہ ان کی نوجوان بیٹیاں بالکل فلمی انداز ٹھمک ٹھمک کر ناچ رہی ہیں، کیا ان میں اب شرافت نام کی کوئی چیز باقی نہیں رہ گئی ہے، سنا ہے پہلے شادی بیاہ کے موقعوں پر طوائفوں کو بلا کر نچایا جاتا تھا، اب طوائفین کا یہ کام ان کی ہی بہو بیٹیاں کر رہی ہیں، اور مرد حضرات اپنی بہو بیٹیوں کا ناچ مزا لیکر دیکھ رہے ہیں، لعنت ہے ایسے مردوں پر اور لعنت ہے ایسی عورتوں پر لعنت ہے ایسی لڑکیوں پر اور ہزار بار لعنت ہے ایسی بے حیائی کی تقاریب پر۔ آج ہم اپنے مذہب اور مذہبی تعلیمات سے کس قدر دور ہیں۔ شریعت ہماری زندگیوں سے دور ہو گئی ہے، ہم پوری طرح یہودیوں اور نصرانیوں کی طرز زندگی کو اپنائے ہوئے ہیں، ہم صرف نام کے مسلمان رہ گئے ہیں، ان حالات میں ہم پر اللہ کا عذاب نہ آئے تو کیا اس کی رحمتیں آئینگی ہمیں سوچنا چاہیے کہ ہم کدھر جا رہے ہیں، ہمارے نوجوان نسل کس راستے پر چل رہی ہے۔ لڑکے تو خیر لڑکے ہیں، لڑکیاں بھی اب ہمارے قابو میں نہیں ہیں، یہ بھی تو اللہ کا عذاب ہی تو ہے کہ بات یہاں تک پہنچ گئی ہیکہ ہماری بہو بیٹیاں ہماری عورتیں ہمارے قابو میں نہیں ہیں۔ نجانے اور آگے کیا ہوگا اللہ ہمیں صحیح سمجھ اور صحیح راستہ دکھائے۔

01-00-2004

نوجوانوں کی اخلاق سوز حرکتیں

آج کل کے نوجوان اخلاق سوز حرکتوں کو معیوب سمجھنے کی بجائے اسے فیشن سمجھ رہے ہیں، اور ایسا کرتے ہوئے خوشی محسوس کر رہے ہیں۔ روز نامہ سیاست (حیدرآباد) کے ۲۶ جون ۲۰۰۴ء کے شمارے میں، حیدرآباد کے ڈپٹی کمشنر پولیس ٹاسک فورس ساؤتھ زون مسٹر وائی گنگا دھر کا ایک انٹرویو شائع ہوا ہے، موصوف اپنے انٹرویو میں نوجوانوں کی اخلاق سوز حرکتوں کے سلسلہ میں اپنے تجربات کی روشنی میں بتا رہے تھے کہ آج کے نوجوان لڑکوں میں لڑکیوں کے ساتھ چھیڑ چھاڑ کرنا اور انہیں پریشان کرنا عام ہو گیا ہے، اس سلسلہ میں خاص طور پر بس اسٹاپس گرلس کالجس کے اردگرد تفریحی مقامات پر اس کے علاوہ عیسائیوں اور ہندوؤں کے مذہبی تہواروں کے دوران جہاں عورتوں کے ساتھ چھیڑ چھاڑ کے واقعات زیادہ ہوتے ہیں، نگرانی کرنا پڑتا ہے کیونکہ ان مقامات پر مرد اور عورتیں ایک جگہ جمع ہوتے ہیں اس تعلق سے انہوں نے والدین کو ذمہ دار قرار دیا ہے کہ وہ اپنے بچوں پر نظر نہیں رکھتے ہیں۔ وہ یہ نہیں دیکھتے کہ ان کے بچے کن لوگوں کی صحبتوں میں رہ رہے ہیں۔ سگریٹ شراب نوشی یا نشیلی دواؤں کے عادی تو نہیں بن رہے ہیں۔ ان نوجوانوں کے پاس جیب خرچ کیلئے اتنا پیسہ کہاں سے آتا ہے، وہ کس قسم کے کپڑے پہن رہے ہیں، ان کے کیا رنگ ڈھنگ ہیں وہ اپنی تعلیم پوری کرنے اسکول یا کالج کو پابندی سے جا بھی رہے ہیں یا نہیں۔ ڈی سی پی صاحب نے یقین کے ساتھ کہا کہ اگر والدین ان تمام باتوں پر غور

کریں اور اپنے بچوں پر نظر رکھیں تو یہ ساری برائیاں ختم ہوسکتی ہیں، ورنہ پولیس تنہا انہیں ختم نہیں کرسکتی پولیس ان لڑکوں کو پکڑ کر چالان کرسکتی ہے اور اگر انہیں چالان کیا گیا تو خود ماں باپ ہی انہیں چھڑا کر لے جاتے ہیں۔ آج کل کے یہ لڑکے اپنے اسکولوں اور اپنے کالجوں میں اپنے اساتذہ سے بھی نہیں ڈرتے، انہیں اگر کوئی سدھار سکتا ہے تو صرف ان کے ماں باپ ہی انہیں سدھار سکتے ہیں۔

ڈپٹی کمشنر آف پولیس کا یہ بیان پورا کا پورا ان کے تجربہ اور حقایق پر مشتمل ہے اس بیان کی روشنی میں والدین کو چاہیے کہ وہ اپنے جوان بچوں کی سرگرمیوں پر نظر رکھیں۔ اگر بچوں پر شروع ہی سے نظر رکھی جائے تو یقیناً وہ سدھر جاتے۔ ورنہ وہ آگے چل کر سماج پر بوجھ بن جاتے ہیں۔ اور والدین کے لئے مسلسل دردسر اور مسلسل رسوائی کی علامت بن جاتے ہیں۔

01-07-2004

مسلمانوں کے لئے ۵ فیصد تحفظات کا مسئلہ

حکومت آندھرا پردیش نے اپنے انتخابی وعدے پر عمل آوری کرتے ہوئے ملازمتوں اور حصول تعلیم میں مسلمانوں کو پانچ فیصد تحفظات دینے کے احکامات جاری کر کے ایک مثالی اور مستحسن اقدام کیا ہے اور مسلمانوں کے ساتھ آزادی کے بعد سے مسلسل روا رکھی جانےوالی ناانصافی کا کسی حد تک تدارک کرنے کی سعی کی ہے لیکن ایک سیکولر حکومت کے اس اقدام کو جس سے مسلمانوں کو فائدہ پہنچ سکتا ہے بھارتیہ جنتا پارٹی اور اسکی ساتھی ہندو فرقہ پرست جماعتوں نے سخت مخالفت کی ہے اور ہائیکورٹ کے ذریعہ اس حکمنامہ پر التوا حاصل کرلیا ہے، اور سارے ملک میں اس جی او کے خلاف ایجی ٹیشن چلانے کی سعی میں لگی ہوئی ہیں اور یہی نہیں بلکہ دیگر ریاستوں میں قائم سیکولر حکومتوں کے آگے بھی سوالیہ نشان لگا دیا ہے، مسلمان اس ملک کا ایک حصہ ہیں۔ آزادی کی لڑائی میں یہ ملک کی دیگر اقوام کے ساتھ شانہ بہ شانہ رہے ہیں۔ ملک کے ہر اچھے برے وقت میں مسلمان کبھی کسی سے پیچھے نہیں رہے ہیں، ملک کے فرقہ پرست عناصر نے ہمیشہ مسلمانوں کو پیچھے ڈھکیلنے کی پوری کوشش کی ہے آزادی کے وقت سرکاری ملازمتوں میں مسلمانوں کا تناسب (۳۲) بتیس فیصد تھا اور آج پچپن برس بعد یہ تناسب گھٹ کر دو فیصد سے بھی کم ہو گیا ہے، اور آئیندہ چند برسوں میں سرکاری ملازمتوں میں مسلمانوں کا تناسب صفر ہو جائیگا، اس ملک میں دیگر کئی طبقات کو تعلیم اور ملازمتوں کے حصول میں تحفظات حاصل ہیں۔ کسی بھی قوم کو تحفظات دیتے وقت۔۔

مسلمانوں نے کوئی اعتراض نہیں کیا تھا۔ بلکہ ہمیشہ اس کی تائید ہی کی تھی لیکن آج جب ایک ریاست آندھرا پردیش میں مسلمانوں کو معمولی تحفظ دیا جارہا ہے تو ان فرقہ پرستوں کو یہ گوارہ نہیں ہورہا ہے۔ کل جب بی جے پی مرکز میں برسر اقتدار تھی تو بظاہر مسلمانوں سے ہمدردی باتیں کرتی رہی۔ انتخابات کے موقع پر مسلمانوں کو ملک کا ایک اہم حصہ قرار دیا بڑے بڑے وعدے بھی کیئے لیکن آج جب ایک ریاست کی کانگریسی سرکار مسلمانوں کیلئے عملی طور پر کچھ کرنے کیلئے آگے آئی تو بی جے پی ہی بڑھ چڑھ کر اسکی مخالفت کررہی ہے۔ اور کھلے عام دھمکیوں پر اُتر آئی ہے۔ سچ تو یہ ھیکہ تحفظات کا مسئلہ صرف مسلمانوں ہی کا مسئلہ نہیں ہے بلکہ ملک کے حقیقی سیکولرزم کے تحفظ کا مسئلہ ہے ورنہ دنیا یہ سوچے گی کہ ہندوستان میں کیا واقعی سیکولرزم قائم ہے اور اگر ہے تو ملک کی سب سے بڑی اقلیت کو اس کا حق دینے میں مرکزی اور ریاستی حکومتوں کو ان فرقہ پرست پارٹیوں کی دھمکیوں سے نہیں گھبرانا چاہیے بلکہ جو پروگرام اور پالیسیاں اقلیتوں کی بھلائی کیلئے وہ روبعمل لانا چاہتی ہیں ان پر مناسب عمل آوری کیلئے پارلیمنٹ میں قانون سازی کرنا چاہیے کہ یہ فرقہ پرست عدالتوں سے رجوع ہوکران پروگراموں کو لیت ولعل میں ڈلوانے کی اپنی سازشوں میں ناکام ہوجائیں۔ اگر یہ حکومتیں واقعی سیکولرزم پر ایقان رکھتی ہیں تو پھر سیکولرزم کی بقاء کیلئے اپنے اختیارات کو کام میں لاکر اپنی طاقت اور اپنے وجود کا احساس دلانا چاہیے۔

لڑکی کا صحیح انتخاب۔ گھر کا سکون

آئے دن ہم اکثر بزرگوں کو اپنی اپنی بہوؤں کی شکایت کرتے ہوئے سنتے رہتے ہیں، اکثر لوگوں کو یہ شکایت ہے کہ ان کی بہو ان کے ساتھ بہتر سلوک نہیں کرتی، ساس، سسر کی تو دور خود اپنے شوہر کی بھی کوئی بات نہیں مانتی اور نہ اسکی خاطر خواہ خدمت کرتی ہے، اکثر لوگ یہ کہتے ہوئے بھی دکھائی دیتے ہیں کہ شادی ہوتے ہی ان کی بہو نے ان کے فرمانبردار بیٹے کو اپنے بس میں کرلیا ہے، اور اکثر یہ بھی سنا جاتا ہے کہ شادی کے فوراً بعد انکی بہو بیٹے کو لیکر الگ رہنے لگ گئی ہے، اور اب یہ انکی خیر خبر نہیں لیتے انہیں گزر بسر کے لئے بھی کچھ نہیں دیتے اس لئے وہ بڑی تکلیف میں ہیں۔

یہ باتیں اور اس طرح کے واقعات بڑے تکلیف دہ ہیں اور ہمارے معاشرہ کا ایک خراب پہلو ہیں۔ لیکن دیکھا جائے تو اس کیلئے ذمہ دار خود وہ ماں باپ ہیں جو اپنے بیٹیوں کی شادی کے لئے مناسب رشتہ تلاش نہیں کرتے۔ وہ ایک شریف گھرانے کی مذہبی اور دیندار لڑکی کی بجائے ایک مالدار گھرانے کی کانونٹ اسکول میں تعلیم پائی ہوئی فیشن زدہ لڑکی کو پسند کرتے ہیں، اور غریب و شریف گھرانے سے زیادہ مالدار گھرانے پر نظر رکھتے ہیں۔ وہ چاہتے ہیں کہ جہیز سے ان کا گھر بھر جائے۔ وہ ہزاروں نہیں بلکہ لاکھوں روپئے جوڑے کی رقم کے نام پر لڑکی والوں سے وصول کرتے ہیں، اسکے علاوہ جہیز میں قیمتی موٹر سائیکل یا پھر کار، کلر ٹی وی، وی سی آر، واشنگ مشین، فرج، کولر اور اسی طرح کے قیمتی سامان کے خواہش مند ہوتے ہیں، جب لڑکی اتنا سب کچھ لاتی ہے تو۔۔

ساتھ میں اپنا دماغ بھی لاتی ہے۔اس کو اپنے باپ کی دولت اور اپنے حسن پر گھمنڈ ہوتا ہے،وہ ہر طرح کی من مانی کرنے کو اپنا حق سمجھتی ہے، ساس سسر اور گھر کے دیگر افراد کو وہ خود پر بوجھ سمجھتی ہے، جہیز میں لائی ہوئی اشیاء پر صرف اپنا حق جتاتی ہے، اور کسی کو ہاتھ لگانے نہیں دیتی اور اگر اسکی مرضی کے ذرا سا بھی خلاف کوئی بات ہو جائے تو وہ اپنے شوہر کو لیکر اعلحدہ ہو جاتی ہے۔ بہو کے طور پر لڑکی کا انتخاب کرتے وقت اگر شریف گھرانے کسی مہذب اور مذہبی خیالات کی حامل لڑکی کو اہمیت دی جاتی اور اسکی صورت کے بجائے سیرت دیکھی جاتی اس کے باپ کی دولت کے بجائے خاندانی شرافت دیکھی جاتی تو ایسی صورتحال پیدا نہیں ہوتی، اکثر ایسا بھی ہوتا ہیکہ ہم خود تو غریب ہوتے ہیں اور اپنے لڑکے کیلئے مال دار گھرانے کی لڑکی پسند کرتے ہیں، جو کسی بھی طرح اپنے گھر کیلئے مناسب نہیں ہوتی، اور کسی بھی طرح اس غریب ماحول سے فرار چاہتی ہے کیونکہ اس ماحول میں اسے دم گھٹتا ہوا محسوس ہوتا ہے، اور وہ اپنے شوہر کو الگ رہنے پر مجبور کرتی ہے، اس لئے ایسے حالات سے بچنے کیلئے سمجھداری سے کام لینا چاہیے اور بہو کے روپ میں خوبصورت دیندار لڑکی کا انتخاب کرنا چاہیے، چاہے وہ غریب ہی کیوں نہ ہوں اور چاہے جہیز میں کچھ ملے نہ ملے یا پھر اپنے برابر والوں سے رشتہ کرنا چاہیے تا کہ لڑکی کو سسرالی گھر میں اجنبیت کا احساس نہ ہو اس سے آپ کا بیٹا اپنا رہیگا پرایا نہیں ہوگا یا آپ سے دور رہنے پر مجبور نہیں ہوگا گھر میں کشیدگی نہیں رہیگی محبت اور اپنائیت کا ماحول قائم رہیگا، لڑکی ساس سسر کے روپ میں اپنے ماں باپ کو دیکھے گی اور ان کی خدمت کریگی۔ ساس، سسر کو بھی چاہیے کہ وہ اپنی بہو کے ساتھ اپنی بیٹی جیسا برتاؤ کریں اگر بہو کو آپ کے گھر میں ہر طرح کا سکھ ملیگا اور وہ سب کچھ ملیگا جسے وہ اپنے میکے میں چھوڑ آئی ہے تو یہاں وہ خوش بھی رہے گی اور خدا کا شکر بھی ادا کریگی۔

یہ مشاعروں کے شاعر

ادھر چند برسوں سے ملک کے تمام چھوٹے بڑے شہروں میں کل ہند سطح کے مشاعروں کا انعقاد عمل میں آرہا ہے، مشاعرے اردو زبان وادب اور تہذیب کی علامت ہیں۔ ان کا انعقاد بلا شبہ اردو کیلئے نیک فعال ہے اور اردو والے ان کل ہند سطح کے مشاعروں میں دلچسپی سے شریک ہوتے ہیں، ان شعرا کو سنتے ہیں انکا کلام اپنی ڈائریوں میں لکھ لیتے ہیں، ان مشاعروں کے آڈیو اور ویڈیو کیسٹس بھی خریدتے ہیں اور بعض وقت تو مشاعروں میں شرکت کیلئے انہیں ٹکٹ بھی خریدنا پڑتا ہے، ہزاروں کی تعداد میں ان مشاعروں میں اردو والوں کی شرکت سے یہ بات صاف ہوجاتی ہے کہ آج بھی اردو والوں میں شعری وادبی ذوق موجود ہے وہ اچھے شعر سننا چاہتے ہیں اچھے شاعروں کو دیکھنا اور ان سے ملنا چاہتے ہیں، لیکن ان بھولے بھالے شعر وادب کے شیدائیوں کو یہ نہیں معلوم ہوتا ہیکہ وہ جس شخص کو ایک بڑا شاعر سمجھ رہے ہیں اردو کا خدمت گار سمجھ رہے ہیں، کیا وہ واقعی شاعر بھی ہے۔۔؟ کیا وہ واقعی اردو کا خدمت گار بھی ہے۔۔؟ سچ بات تو یہ ھیکہ اردو میں دو طرح کے شاعر ہیں ایک صحیح معنوں میں شعر کہنے والے یعنی حقیقی شاعر ہیں دوسرے صرف شعر سنانے والے شاعر ہیں انہیں اساتذہ سے اچھے اشعار مناسب قیمت پر مل جاتے ہیں، جنہیں یہ اپنے رنگ ڈھنگ میں اپنے انداز اور اپنی ادار کاری اپنی آواز کے ذریعہ سامعین تک پہنچاتے ہیں اور چند روپیوں میں خریدے ہوئے اشعار ملک بھر کے مشاعروں میں سنا کر معاوضہ کے طور پر لاکھوں۔

روپیہ بٹوڑتے پھرتے ہیں، ان متشاعروں کو مشاعروں کے ذریعہ شہرت بھی ملتی ہے عزت بھی ملتی ہے اور دولت بھی۔ گویا مشاعرے انکا کاروبار ہو گئے ہیں، اس میں ادب اور ادب کی خدمت کا تو سوال ہی پیدا نہیں ہوتا، لیکن یہاں اس بات کا تذکرہ بھی ضروری ہیکہ ان کل ہند سطح کے مشاعروں میں سبھی شاعر ایسے نہیں ہوتے ان میں تیس فیصد حقیقی شاعر بھی ہوتے ہیں جو واقعی اپنے کلام سے شعر ادب کی خدمت کررہے ہیں، ان مشاعروں میں بعض غیر مسلم شاعر بھی آجاتے ہیں جو صرف جذبات سے کھیلتے ہیں اور اردو والوں کی داد اور دولت دونوں بٹوڑتے ہیں سچ تو یہ ہیکہ انہیں اردو کا ایک لفظ نہ تو لکھنا آتا ہے اور نہ پڑھنا ان کے ہاتھ میں جو کاغذ ہوتا ہے اس پر ہندی میں لکھا ہوتا ہے، خاتون شاعرات کا تو حال ہی برا ہے وہ اپنے حسن کے جلوے دکھانے ناز نخرے بتانے بلکہ صحیح معنوں میں مجرا گانے پہنچ جاتی ہیں اور ہمارے نوجوان سامعین ان کے آؤ بھاؤ سے ناز نخروں سے پورا پورا لطف اٹھاتے ہیں ان شاعرات کے ذومعنی الفاظ اور اداؤں سے ان کے دیوانے ہوجاتے ہیں۔

یہ ہیں ہمارے آج کے مشاعرے اور ان کے شاعر۔ اردو والوں خاص طور پر منتظمین مشاعرہ کو چاہیے کہ مشاعروں کے وقار کو بحال رکھنے اردو شعر اور ادب کے صحیح ماحول کو پیدا کرنے مشاعروں میں پیدا ہوئی ان تمام خرابیوں کو دور کرنے کیلئے مشاعروں کو ایسے گانے والے اور اردو کی خدمت کے نام پر اردو والوں کو لوٹنے والے شعرا سے باز رکھیں کہ مشاعروں کا تقدس برقرار رہ سکے۔

01-10-2004

یہ بھی ایک حقیقت ہے

اردو زبان کے ادبی جرائد اردو والوں کی بے حسی کی وجہ مالی بحران کا شکار ہیں۔ کئی معیاری جرائد جن کی تعداد اشاعت ہزاروں میں تھی بند ہو چکے ہیں، اور جو رسائل کسی نہ کسی طرح زندگی کی جدو جہد کرتے ہوئے اب تک جاری ہیں ایسا لگتا ہے کہ وہ بھی اب آخری سانسیں گن رہے ہیں، قصہ دراصل یہ ہیکہ اردو والا اب کسی بھی اردو رسالہ کو ہاتھ نہیں لگاتا۔ بس اسٹیشنوں اور ریلوے اسٹیشنوں کے بک اسٹالوں پر چند نیم فلمی، جنسی، طلسماتی یا جرائم پر مشتمل قصے کہانیوں جیسے سستے ادب کو پیش کرنے والے رسائل دستیاب رہتے ہیں جنہیں معمولی پڑھے لکھے لوگ اپنی ذہنی آسودگی کیلئے خرید لیتے ہیں اب ان اسٹالوں پر چند ڈائجسٹوں کے علاوہ کوئی بھی معیاری ادبی رسالہ نہیں ملتا، کیونکہ اب ان کا کوئی خواہش مند ان اسٹالوں کا رخ نہیں کرتا اب تو لوگ ٹی وی اور اسکے مختلف چیانلوں سے اس قدر مطمئن ہیں اور ان میں اتنے مصروف ہیں کہ انہیں کسی رسالہ کی ضرورت نہیں رہی۔ یہ ایک حقیقت ہیکہ الکٹرانک میڈیا نے پرنٹ میڈیا کو بری طرح نقصان پہنچایا نئی نسل میں تو مطالعہ کا ذوق ہی نہیں ہے یہ کتاب یا رسالہ سے واقف ہی نہیں ہے، یہاں تک کہ اسکولی بچے بھی اب نصابی کتابیں خریدنا غیر ضروری سمجھنے لگے ہیں، وہ نوٹس یا گائڈس سے اپنا کام چلا رہے ہیں، ان حالات میں رسائل و جرائد کا زندہ رہنا کہاں تک ممکن ہے اب جو رسالے شائع ہو رہے ہیں، انہیں وہی لوگ خرید کر پڑھ رہے ہیں، جو ان رسائل کیلئے لکھتے ہیں، عام آدمی سے اگر پوچھا۔۔۔۔

جائے تو وہ کہے گا ان رسالوں میں ہوتا کیا ہے۔ چند غزلیں (جو ہماری سمجھ سے باہر ہیں) چند افسانے یا پھر چند ادبی مضامین جن سے ہمارا کوئی تعلق نہیں ہے۔

ان حالات میں اب اردو کے بہی خواہوں ادیبوں اور شاعروں کی ذمہ داری ہیکہ وہ ان رسالوں کو سنبھالیں۔ ان کی تعداد اشاعت بڑھانے کو اپنی ذمہ داری سمجھیں ۔اب اگر بچے کچھے یہ چند رسائل بھی دم توڑ دیں تو پھر اردو شعر ادب کے ابلاغ کے تمام راستے مسدود ہو جائیں گے۔

عریانی معاشرے کی بہت بڑی برائی

آج جس طرف بھی نظر ڈالیں ہمیں عریاں مناظر ہی نظر آئیں گے عریاں فلمیں، عریاں فلمی پوسٹرس، بڑی بڑی تجارتی کمپنیوں کے عریاں ہورڈنگس۔ گھر میں ہوں تو ٹی وی پر عریاں مناظر کی بھرمار اب خود ہماری خواتین اور جوان لڑکیاں بھی مغربی تہذیب کی طرح نیم عریاں کپڑے استعمال کرتی نظر آتی ہیں۔ جس سے ان کے جسم کا بیشتر حصہ جو چھپا ہونا چاہیے عریاں نظر آتا ہے۔ یہی حال رہا تو پتہ نہیں آنیوالے۔ ۲۰۔ ۲۵ سالوں بعد کیا ہوگا۔۔۔؟ دیگر مذاہب کے ماننے والوں کو چھوڑیئے خود اپنے گھروں کا حال دیکھئے۔ اسلام نے تو کم لباسی کو حرام قرار دیا ہے۔ بلکہ خواتین کو پردے کا بھی حکم دیا ہے لیکن ہوا یہ کہ پہلے دھیرے دھیرے پردے کا رواج ختم کیا گیا، اور اس کے بعد ایسے لباس کو مقبولیت دی جاتی رہی جس سے عورت کے جسم کا بڑا حصہ عریاں ہوتا ہے۔ مسلم گھرانوں میں اس طرح کے غیر اسلامی لباس کو اپنایا جانا نہایت معیوب بات ہے۔ آج ہماری جوان لڑکیاں اپنی بانہوں اور اپنی ٹانگوں کو کھلی رکھنے میں شرم محسوس نہیں کر رہی ہیں۔ بڑی عمر کی عورتیں ایسے بلاوز کا استعمال کرتی نظر آتی ہیں جو بڑے گلے اور کھلی پیٹھ کے ہوتے ہیں ان میں آستین نہایت چھوٹے ہوتے ہیں یا پھر ہوتے ہی نہیں۔ ایسے بلاوزوں کا پہننا اور نہ پہننا برابر ہے، گھر کے مرد ایسے کم لباس پر یا ایسے فیشن کے کپڑوں کے استعمال پر عورتوں اور بچیوں کو نہیں ٹوکتے۔ عریانی کے معاملے میں مردوں کو سختی سے پیش آنا چاہیے کہ معاشرے میں اسکی وجہ سے برائیوں کو پھیلنے سے روکا جا سکے۔

کپڑوں کے استعمال میں عورتوں ہی کو نہیں بلکہ مردوں کو بھی ایسے کپڑوں کا انتخاب کرنا چاہیے جن سے اسلامی طور پر مقرر کردہ حدود کی تکمیل ہو سکے یعنی پوری طرح ستر کو پوشیدہ رکھا جا سکے۔ ورنہ ہم میں اور دیگر غیر اسلامی معاشرے میں کیا فرق رہیگا۔ اسلام تو دنیا کو درس دینے اور اپنے عمل سے سدھار پیدا کرنے والا مذہب ہے۔ لیکن آج اسلام کے ماننے والے غیروں کو تقلید میں اپنی مٹی خراب کر رہے ہیں۔ سچ تو یہ ہے کہ عریانی ہی سے فحاشی کے پھیلنے کے امکانات ہوتے ہیں اور جس جگہ عریانی اور فحاشی بڑھ جائے وہاں اللہ کا عذاب نازل ہوتا ہے آج مسلمانوں میں جو بے راہ روی ہے یہ بھی اللہ کے عذاب کی ایک صورت ہے کیونکہ اللہ اور اسکے رسول ﷺ نے حیا کو ایمان قرار دیا ہے اور بے حیائی ایمان کو ختم کر دیتی ہے۔ اللہ سے دعا ہے کہ ہمیں صحیح سمجھ دے اور ہمارے معاشرے کو عریانی فحاشی اور بے حیائی سے اور اس طرح کی دیگر سماجی برائیوں سے محفوظ رکھے اور ہماری نئی نسل کو اپنے عذاب سے بچائے (آمین)۔

01-12-2004

شادی۔ تجارت یا خرافات؟

نبی کریمﷺ نے امت کو نصیحت فرمائی ہے کہ نکاح کو آسان کرو تاکہ زنا مشکل ہوجائے۔ لیکن آج حالات اس حدیث پاک کے بالکل برعکس ہیں۔ دیکھا یہ جا رہا ہے کہ آج زنا آسان ہوگیا ہے اور نکاح مشکل۔ اسی باعث آج مسلم معاشرے میں اس قدر برائیاں در آئی ہیں۔ آج ہم نے نکاح کو اس قدر مشکل اور مہنگا بنادیا ہے کہ یہ غریب اور اوسط طبقے کے لئے ایک دشوار کن مسئلہ بن گیا ہے۔ ہزاروں روپیہ بلکہ اب تو بات لاکھوں میں پہنچ گئی ہے، جوڑے کی رقم کے نام پر لڑکے والے مانگ رہے ہیں۔ موٹر سیکل سونے کے زیورات فرنیچر اور دیگر الکٹرانک ساز وسامان جہیز میں الگ اور اس پر سینکڑوں لوگوں کیلئے دعوت طعام اور اس دعوت میں اعلیٰ اقسام کے مختلف انواع و اقسام کھانے۔ ایسا لگتا ہے کہ کوئی شاہی دعوت ہو رہی ہے۔ ان شادیوں میں لڑکی والوں کے چار تا پانچ لاکھ روپے خرچ ہو جاتے ہیں۔ اب ظاہر ہے کہ جن گھروں میں تین چار بیٹیاں ہوں اور کوئی ناجائز کمائی یا موروثی جائیداد نہ ہو وہاں لڑکیوں کی شادیاں ناممکنات میں شامل ہو جاتی ہیں۔ اگر شادیاں بروقت نہ ہوں تو شادیوں کے انتظار میں بیٹھی ہوئی ان لڑکیوں کے قدم ڈگمگانا ناممکن نہیں رہتا کیونکہ ان دنوں ٹی وی اور سینما میں جو کچھ بتایا جارہا ہے۔ وہ آگ پر تیل کا کام کر رہا ہے اگر لڑکیاں بھٹک جائیں تو پھر سوچئے کہ ان حالات کا ذمہ دار کون ہے۔ کون ذمہ دار ہے شادیوں میں مول تول کرنے انہیں تجارت بنانے اور ان میں بے ہودہ رسومات اور انہیں گندگی سے آلودہ کرنے۔۔۔

کیلئے۔ بات یہیں ختم نہیں ہوتی بلکہ اب تو شادیوں میں ویڈیو گرافی ۔ آرکسٹرا پروگرام اور ناچ گانے کی محفلوں کا بھی اہتمام ہونے لگا ہے جس پر ہزاروں روپے پھونک دیئے جارہے ہیں۔ شادی جو ایک اہم اور مذہبی و سماجی فریضہ ہے اور اسکے لئے اللہ کا حکم ہے اور رسول ﷺ کی سنت ہے۔ اسے ان خرافات کے ذریعہ گناہوں کے دہلیز تک پہنچا دیا گیا اور حالت یہ ہے کہ ہمیں ان برائیوں کا احساس تک نہیں ہے کس قدر افسوس کا مقام ہے۔ لین دین اور جہیز کی مانگ کی مذمت تو سب ہی کرتے ہیں لیکن اس سے چھٹکارا حاصل کرنا کوئی نہیں چاہتا۔ مسلم معاشرے کو ان خرافات سے نجات دلانے کیلئے کوئی عملی اقدام نہیں کیا جاتا۔ آخر کب تک چلے گا شادی کے نام پر یہ کاروبار کب ہم میں اچھے برے اور صحیح و غلط کی تمیز پیدا ہوگی۔ کب ہم شادی کو اللہ و رسول ﷺ کے احکام و مرضی کے مطابق کرنے کیلئے راضی ہوں گے۔ کب ہوں گے ہمارے معاشرے میں شادیاں آسان اور کب ہوجائے گا زنا مشکل۔

اللہ ہمیں صحیح سمجھ دے صراط مستقیم پر چلنے کی ہدایت دے۔ ہماری لاکھوں ان بیاہی لڑکیوں کو نیک اور صحیح جوڑے عطا کر کے ان کی شادی میں حائل دشواریوں کو دور کرے۔ اور ہمارے معاشرے کو ان تمام برائیوں اور خرافات سے نجات دے۔

01-03-1999

حکومت کی فلاحی اسکیمات اور ہم

حکومت کی جانب سے اقلیتوں بالخصوص مسلمانوں کیلئے جو فلاحی اسکیمات روبعمل لائی جاتی ہیں اس سے ہم کس حد تک فائدہ اٹھاتے ہیں۔اس کا جائزہ لیا جانا چاہیے۔سچ تو یہ ہے کہ حکومت اقلیتوں کیلئے پہلے سنجیدگی سے فلاحی وترقیاتی اسکیمات کو روبعمل لانا ہی نہیں چاہتی۔مسلمانوں کو تعلیمی اور معاشی سطح پر جس قدر دبانا ہے خود حکومت ہی دباتی ہے لیکن کبھی کبھی مجبور ہو کر یا اپنے کسی انتخابی منشور کی تکمیل کیلئے حکومت مہربان ہو کر مسلمانوں کیلئے کوئی ترقیاتی پروگرام بناتی ہے تو حکومت کی انتظامی مشنری جسے نوکر شاہی کہا جاتا ہے (اور جو آر ایس ایس کی پچاس سالہ مسلم دشمنی کی بھٹی میں تپی ہوئی ہوتی ہے) اس روبعمل لانے میں جس قدر تساہل ممکن ہوسکتا ہے کرتی ہے۔اور جب ان تمام مراحل سے گزر کر کوئی اسکیم باہر آجاتی ہے تو اب تساہل اور لاپرواہی برتنے کی باری خود اقلیتوں کی ہوتی ہے۔مسلمانوں کو پہلے تو اس بات کا علم ہی نہیں ہوتا کہ ان کی ترقی کیلئے حکومت نے کوئی اسکیم شروع کی ہے۔اب اس پر مناسب عمل آوری کروانا اور اس کس طرح فائدہ اٹھانا ہے اس کے کیا قواعد ہیں ان سے کوئی واقف ہی نہیں ہوتا۔اگر کبھی کسی اخباری اطلاع یا اشتہار کے ذریعہ معلوم بھی ہوجائے تو کوئی ٹس سے مس نہیں ہوتا۔اس اسکیم سے فائدہ اٹھانے کیلئے کوئی عملی مظاہرہ نہیں کیا جاتا، اور جب مظاہرے کی نوبت آتی ہے تو پتہ چلتا ہے کہ اس اسکیم سے فیضیاب ہونے کی تاریخ گزر چکی ہے۔آزادی کے بعد سے مسلسل ایسا ہی ہوتا آرہا۔۔

ہے۔اس خصوص میں ضرورت اس بات کی ہے کہ ایسے کاموں کی تکمیل کیلئے اور مسلمانوں کی صحیح رہنمائی کیلئے ہر شہر اور ہر گاؤں میں تعلیمیافتہ اور سماجی خدمت کا جذبہ رکھنے والے افراد پر مشتمل تنظیمیں قائم کی جائیں جو اس بات کی خبر رکھے کہ مرکزی اور ریاستی حکومتیں مسلمانوں کی کونسی فلاحی اسکیمیں پیش کررہی ہیں اور ضرورت مند مسلمانوں کو ان سے کیسے فائدہ پہنچایا جاسکتا ہے۔درخواست داخل کرنے سے لیکر آخری مرحلہ تک وہ ان کی مدد اور رہنمائی کریں۔اس خصوص میں درمیانی لوگوں کے استحصال سے ان ضرورت مند اور غریب مسلمانوں کو بچانا بھی ضروری ہے۔ورنہ مسلمانوں کی تعلیمی اور معاشی بدحالی کا کوئی سدِ باب نہ ہوسکے گا اور اپنی بدحالی کے ہم خود ذمہ دار رہیں گے۔حکومت نے اقلیتی بہبود کا محکمہ بھی قائم کیا ہے۔اقلیتی کمیشن اقلیتی فینانس کارپوریشن اور اردو اکیڈیمی جیسے اقلیتوں کے ادارے قائم ہیں۔ان اداروں سے بھی صحیح معنوں میں فائدہ اٹھانے کی ضرورت ہے۔۔۔

01-06-1999

انتخابی نظام اور یہ خرابیاں

ڈاکٹر جی وی کرشنا مورتی سابق چیف الکشن کمشنر جو ۳۰ ستمبر ۱۹۹۹ء کو اپنی ملازمت اور اس عہدے سے مستعفی ہوئے ہیں اپنے اعزاز میں منعقدہ ایک وداعی تقریب میں تقریر کرتے ہوئے اس مسئلہ پر تاسف کا اظہار کیا اور کہا کہ موجودہ انتخابی نظام کی خرابی کے باعث جن افراد کو جیل میں ہونا تھا وہ پارلیمنٹ میں پہنچ گئے ہیں۔ انہوں نے انتخابی نظام میں اصلاحات کی ضرورت پر زور دیا ہے۔ دنیاء کے سب سے بڑے جمہوری ملک کے اہم محکمہ کے سب سے ذمہ دار آفیسر کے یہ تاثرات اس ملک کے نظام اور عوام دونوں کے کیلئے سوالیہ نشان ہیں۔ سچ بات یہ بھی ہے کہ اس نظام کی کمزوری کی وجہ ہی جمہوریت کے سب سے اہم عمل یعنی انتخابات اس قدر جارحانہ اور پرتشدد ہو گئے ہیں کہ اس میں معصوم عوام کی جان و مال کا بھی بڑی تعداد میں نقصان ہونے لگا ہے انتخابی بدعنوانیاں ہمارے سیاست دانوں کیلئے ایک دلچسپ مشغلے سے کم نہیں ہیں، اسی وجہ سے پولنگ بوتھ جسکی لاٹھی اس کی بھینس کے مصداق زور زبردستی کا اڈہ بنتے جارہے ہیں، انتخابات میں رائے دہی کے وقت رگنگ پہلے ہی سے بہت بڑی خرابی ہے، اس کے بعد پولنگ بوتھ پر قبضے، بیالٹ بیاکس چھین کر بھاگنا، بیالٹ باکس میں پانی یا سیاہی انڈیلنا، پولینگ کے سرکاری عملہ کو ڈرا دھمکا کر چاقو اور تلواروں کے زور پر یا پھر خرید کر پولنگ کے موقع پر اپنے اُمیدوار کے حق میں بوگس ووٹ ڈلوانا جیسے جارحانہ واقعات ایک عام بات ہو کر رہ گئے ہیں، اور اس پر طرفہ تماشہ یہ کہ یہ سب کچھ

پولیس کی موجودگی میں ہوتا ہے، اکثر موقعوں پر خود پولیس ان بدعنوانیوں کا حصہ بن جاتی ہے، جہاں پانی سر سے اونچا ہو جاتا ہے، وہاں شکایات وصول ہونے کے بعد دوبارہ رائے دہی کروائی جاتی ہے، جس پر مزید لاکھوں روپیہ کا صرفہ ہوتا ہے جو سرکاری خزانہ پر بار اور غریب عوام پر بوجھ ہے، جہاں پر شکایت نہیں ہوتی وہاں دھاندلیوں کے باعث عوام کی صحیح رائے سامنے نہیں آتی، اور عوام کے پسندیدہ اُمیدوار یا پھر پارٹیاں چن کر نہیں آسکتیں، انتخابی نظام کی سب سے بڑی خرابی پیسے کی فراوانی ہے اور ان میں غیر سماجی عناصر کی شمولیت ہے، اب یہ بات عام ہو چکی ہے کہ کوئی تعلیم یافتہ شریف یا سماجی کارکن انتخابات میں حصہ نہیں لے سکتا ان میں تو کالا دھن رکھنے والے سرمایہ دار اور ان کے پروردہ غیر سماجی عناصر ہی شرافت کا مکھوٹہ لگا کر حصہ لیتے ہیں، اور کامیابی حاصل کرنے کیلئے وہ سب کچھ کر گزرتے ہیں، جو انتخابات کی روح اسکے مقاصد اور خود ہماری جمہوریت کے مغائر ہیں، ضرورت اس بات کی ہے کہ انتخابات کے انعقاد سے قبل ان خرابیوں کا جن کی جانب سابق الکشن کمشنر نے کھلا اور واضح اشارہ کیا ہے۔ ازالہ کیا جائے اور اس نظام کو ایسا بنایا جائے جو ہماری جمہوریت کے لئے فائدہ مند ہو۔

01-10-1999

نا قابل معافی جرم

پچھلے دنوں ایک مذہبی سیمنار سے خطاب کرتے ہوئے ایک دانشور نے کہا ہے کہ "ہم لوگ مذہبی تعلیمات کو اپنی نئی نسل میں منتقل کرنے میں ناکام ہو گئے ہیں اس کے دور رس نتائج کے پیش نظر کیا یہ نا قابل معافی جرم نہیں ہے، یہ سچ ہے کہ ہماری نئی نسل کی اسلام اور اسکی تعلیمات مذہبی فرائض و واجبات سے دوری کی راست ذمہ داری ہمارے اوپر عائد ہوتی ہے اور یہ یقیناً نا قابل معافی جرم ہے اگر یہ نسل اسطرح اپنے دین اور اسکے اصولوں اور تقاضوں سے ناواقف رہی تو وہ اپنے بعد آنیوالی نسل کو کتنا دین دے سکے گی۔ اس کا صاف یہ مطلب ہوا کہ ہم ہمارے بعد آنیوالی نسلوں ہی کو دین و ایمان سے بے بہرہ کرنے کے جرم کے مرتکب ہوئے ہیں، ہماری نئی نسل قرآن وحدیث سے اسوۂ حسنہ، شریعت اور اس کے مسائل سے یکسر بے بہرہ ہوتی جارہی ہے، ہم میں سے اسی فیصد لوگ اپنے بچوں کو قرآن پڑھنا نہیں سکھا رہے ہیں، اور یہ بھی سچ ہے کہ ہم اپنے بچوں کو عربی ہی نہیں بلکہ اردو سے بھی ناواقف رکھ رہے ہیں، اگر بچے اردو پڑھتے تو وہ حسب ضرورت دینی مسائل سے واقف ہو سکتے تھے کیونکہ قرآن اور حدیث کا بڑا سرمایہ ہمارے اسلاف نے ہماری سہولت کیلئے اردو میں منتقل کیا تھا۔ اردو سے ناواقف ہماری یہ نسل خدا اور اس کے رسول ﷺ کے احکام سے کس طرح واقف ہو سکے گی اپنے دینی فرائض اور واجبات کو کس طرح ادا کر سکے گی۔

یہ بات کس قدر سچ ہے کہ ہم نے اپنے بچوں کی دنیا سنوارنے کی بھرپور۔۔

کوشش تو کی ہے مگر ان کی عاقبت سنوارنے میں ہم سے کس قدر غفلت ہو رہی ہے آج ہمارے بچوں کا یہ حال ہے کہ انھیں اپنے دین کے بارے میں کچھ نہیں معلوم ان کے اخلاق اور کردار سب کے سامنے ہیں، سینما بینی، ویڈیو، ٹی وی کی بدولت معاشرہ میں برائیاں زور پکڑ رہی ہیں، گھروں میں ماں باپ بھائی بہنوں کا مل کر ٹی وی پر حیا سوز مناظر دیکھتے رہنا عام بات ہے، کسی کو اس بات کی فکر ہی نہیں کہ اس کے کیا اثرات ہو سکتے ہیں، ماں بیٹے۔ باپ بیٹی اور بھائی بہنوں کے درمیان شرم و حیا ناپید ہوتی جا رہی ہے، ہمارے کم عمر بچوں کو بھی وقت سے پہلے سن بلوغ کے بعد کا سارا حال معلوم ہے، اور وہ اس پر بولتے ہوئے بالکل نہیں جھجکتے۔

یہ صحیح ھیکہ ہم پورے معاشرے کو نہیں سدھار سکتے، لیکن اپنے گھر کو اپنے بچوں کو تو سدھار سکتے ہیں، کیونکہ ہم اپنے بچوں اور انکے اخلاق و کردار ان کی تعلیم و تربیت کے تعلق سے خدا کے آگے جواب دہ ہیں۔ ضرورت اس بات کی ہے کہ ہم اس بات پر غور کریں اور اپنے بچوں کی دنیا ہی نہیں عاقبت بھی سنواریں انہیں اپنے دین سے واقف کروانے میں اپنا حصہ ادا کریں۔

01-08-1999

دکھاوا اور اصراف۔ معاشرے کا ناسور

چند دن قبل اخبارات میں یہ خبر شائع ہوئی تھی کہ حیدرآباد میں کسی شادی میں دلہن کو جو جوڑا پہنایا گیا تھا اسکی قیمت پچیس (۲۵) ہزار روپئے تھی۔ اس شادی میں صرف شادی خانہ کا بل دو لاکھ روپیہ ادا کیا گیا تھا۔ یہ کس قدر افسوس ناک عمل ہے کہ شادی بیاہ کے موقعوں پر ہم کس قدر اصراف کر رہے ہیں کس قدر دکھاوا کر رہے ہیں۔ اپنی محنت سے کمائی ہوئی دولت کو کس بیدردی سے پھونک رہے ہیں۔ کیا ہمارا یہ عمل خود اپنے آپ پر اور ہمارے معاشرے پر ظلم نہیں ہے۔ شادی بیاہ اور دیگر تقاریب کے موقعوں پر دکھاوے اور نام و نمود کیلئے فضول خرچی کرنا راجہ مہاراجوں کی طرح قیمتی لباس اور زیوارت بنوانا ہزاروں مہمانوں کی ضیافت پر لاکھوں روپیہ کے پکوان کرنا، شادی خانوں میں چند گھنٹوں کی سجاوٹ پر ہزاروں روپیہ برباد کرنا اب عام بات ہوگئی ہے جو آج کے مسلمانوں کے معاشی حالات اور پھر سنت و شریعت کے یکسر خلاف ہے ہمارے معاشرے میں بعض مسلمان صرف دکھاوے کیلئے اتنی دولت لٹا رہے ہیں اور دوسری طرف ہمارے معاشرے میں بعض ایسے مسلم گھرانے بھی ہیں جو معاشی طور پر نہایت کمزور ہیں جہاں چار چار جوان بیٹیاں شادی کے انتظار میں بیٹھی ہوئی ہیں۔ ماں باپ اس قدر غریب ہیں کہ پیٹ بھرنے اور تن ڈھانکنے کی سبیل بھی نہیں ہے، وہ آج کے اس دکھاوے کے مارے فیشن پرست ماحول میں اپنی بچیوں کی شادیاں کیسے کرینگے یہ سوچ کر ہی ان کے دل خون روتے ہیں۔ اس طرف کسی بھی دولت مند کی نظر نہیں جاتی۔۔۔

آج ہم میں خودغرضی کا یہ عالم ھیکہ ہم دوسرے کے منہ کا نوالہ چھین کر پوری ڈھٹائی سے اپنے حلق میں اتار رہے ہیں۔ دوسروں کی بنیادی ضرورتوں اور ان کے حقوق کا بھی ہمیں خیال نہیں ہے۔ اپنے آرام کے سامنے دوسروں کی تکالیف کی ہمیں کوئی فکر نہیں۔ ابھی چند ماہ قبل مجھے ایک ایسی شادی میں شرکت کا موقع ملا تھا جہاں رات میں دس بجے تک بھی دلہا عقد کیلئے حاضر نہیں ہوا تھا، جبکہ دعوت نامہ میں چھپے وقت کے مطابق اُسے بعد عصر ہی پہنچنا تھا، دریافت کرنے پر معلوم ہوا کہ دولھا بارات لیکر بیانڈ بجاتے ہوئے سڑکوں پر گھوم رہا ہے۔ اور اسکی بارات کی ویڈیو فلم بنائی جارہی ہے۔ کسی نے جب دولھے کی توجہ وقت کی طرف دلاتے ہوئے اسے جلد چلنے کیلئے کہا تو وہ ناراض ہوگیا اور کہا کہ اسے اپنی بارات شہر میں گھماتے ہوئے اپنی دلی تمنا پوری کرنا ہے، کیونکہ اس بارات کے انتظامات پر اسکے ہزاروں روپئے خرچ ہوئے ہیں، اُسے اس بات کا احساس ہی نہیں کہ عقد کیلئے آئے ہوئے مدعوئین اس کے انتظار میں بیٹھے ہوئے ہیں، انہیں عقد کے بعد ہی کھانا کھلایا جائیگا۔ وہ سب بھوکے ہیں ان میں بچے بھی ہیں اور ضعیف بھی۔ پتہ نہیں یہ احساس ہمارے نوجوانوں میں کیوں ختم ہورہا ہے، ہم اپنی خوشی کیلئے دوسروں کو تکلیف کیوں پہنچارہے ہیں۔

حدیث مبارکہ ہے کہ نکاح کو آسان کرو تاکہ زنا مشکل ہوجائے۔ اب ہمیں سوچنا چاہیے کہ ہمارا یہ طرزِ عمل یہ دھوم دھام یہ اصراف یہ دکھاوا اس حدیث مبارکہ کے خلاف نہیں ہے۔۔؟ ہمیں تو اپنے عمل سے اس معاشرہ کو سدھارنا چاہیے مگر ہم ہیں کہ بگاڑنے کی طرف گامزن ہیں۔ کیا آج کے اس اصراف کی وجہ شادی بیاہ مشکل عمل نہیں ہیں، لڑکیاں لاکھوں کی تعداد میں کنواری بیٹھی ہوئی نہیں ہیں، کون ہے اس کا ذمہ دار؟ اللہ ہمیں صحیح سوچ کی توفیق عطاء فرمائے (آمین)

01-03-1999

قلمکاروں کی اپنے ہی فن سے انصافی

عام طور پر دیکھا یہ گیا ہے کہ دکن کے قلمکار اپنے فن کے تئیں اتنے مخلص نہیں ہوتے، جتنے شمالی ہند کے ادیب و شاعر ہوتے ہیں، وہ اپنے فن کے سلسلہ میں نہایت سنجیدہ ہوتے ہیں اور اپنی کسی بھی تخلیق پر زیادہ محنت کرتے نظر آتے ہیں، وہ پابندی سے لکھتے ہیں وقت و حالات کو سمجھتے ہیں اور نئے موضوعات کی تلاش میں رہتے ہیں، اور جب کوئی تخلیق مکمل ہو جاتی ہے تو اسے کسی نہ کسی رسالہ میں چھپوائے بغیر نہیں رہتے۔ اکثر اوقات وہ اپنی اس تخلیق کو ایک سے زائد رسائل و جرائد میں چھپوانے سے گریز نہیں کرتے، برخلاف اسکے دکن کے قلمکاروں میں اپنے فن کے سلسلہ میں بے حسی پائی جاتی ہے، اسی (۸۰) فیصد قلمکاروں کے پاس (چاہے وہ ادیب ہوں یا شاعر) برسوں کوئی نئی تخلیق نہیں ہوتی وہ اس سلسلہ میں محنت سے جی چراتے ہیں، نہ تو انہیں مطالعہ کا شوق ہوتا ہے اور نہ انہیں اپنے فکر و فن کو سنوارنے نکھارنے اور اپنی کوششوں سے اپنی تخلیقات کو جلا بخشنے کی فکر ہوتی ہے، ابتدائی دور میں جو کچھ کہہ لیا یا لکھ لیا اسی پر زندگی بھر قناعت کرتے ہیں۔ اس کے باوجود خود کو بڑا ادیب و شاعر کہنے اور کہلوانے سے ذرا نہیں جھجکتے۔ انہیں بس اپنی تعریف سننا پسند ہے۔ خودستائی ان کی عادت ہے۔ ہمیشہ کسی بڑے مشاعرے کے شعراء کی فہرست میں خود کو شامل کروانے کی فکر رہتی ہے۔ بڑے مشاعروں تک کسی بھی طریقہ سے اپنی رسائی کو یہ شعرا اپنی معراج سمجھتے ہیں وہاں اپنے ترنم کے بل بوتے پر اپنی گھسی پٹی پرانی غزل سنائی تھوڑی سی داد بٹوری اور مطمئن۔۔

ہو گئے، کہنے کو تو ہر بڑے شہر میں ایک سو شاعر مل جائینگے چھوٹے شہروں اور قصبوں میں بھی ان کی تعداد بیس پچیس سے کم نہیں ہوتی لیکن حقیقت تو یہ ہیکہ پوری ایمانداری اور خلوص کے ساتھ ادبی میدان میں محنت کرنے والے اور رسائل و جرائد میں نظر آنے والے اور نئی نئی تخلیقات شائقین شعر ادب کے سامنے پیش کرنے والے فنکار صرف انگلیوں پر گنے جا سکتے ہیں، اور ان گنے چنے فنکاروں ہی سے لوگ واقف رہتے ہیں، اس خصوص میں اس علاقہ کے قلم کاروں کو ہمارا مخلصانہ مشورہ ہیکہ وہ اپنی لاپرواہی کی یہ روش بدلیں اپنے فن سے ناانصافی نہ کریں وہ اپنے صلاحیتوں کو کام میں لائیں اور اپنے فن کو جلا بخشنے کیلئے محنت کریں اور اس کیلئے انہیں سب سے پہلے مطالعہ کی عادت ڈالنی ہوگی، مطالعہ سے انہیں شعور آگہی ملے گی حالات کو سمجھنے اور وقت کے ساتھ چلنے کی ان میں خوبی پیدا ہوگی۔ مشاعروں کی افادیت اپنی جگہ ہے لیکن اگر ادبی دنیا میں کچھ دن زندہ رہنا چاہتے ہیں تو انہیں اپنے تخلیقات کو رسائل و جرائد کے وسیلے سے عوام تک پہنچانے کی کوشش کرنی چاہئے ورنہ کل تو کل ہی ہے آج بھی انہیں کوئی پوچھنے اور ان کا نام لینے والا نہ ہوگا۔

01-07-1999

قلب مطمئین۔ نعمت الٰہی

انسانی جسم میں اللہ کی سب سے بڑی نعمت ''دل'' ہے۔ ویسے جسم انسانی میں ہر عضو کی اپنی جگہ برابر اہمیت ہے لیکن دل کو تو ایک خاص اہمیت حاصل ہے، اسی دل کی وجہ سے انسان کے جذبات و احساسات کا پتہ چلتا ہے، دل کا کام جہاں دھڑکنا اور خون پھینکنا اور اپنی حرکت سے انسان کو زندہ رکھنا ہے وہیں یہ اپنے آپ میں ایک مکمل کائنات بھی رکھتا ہے، یہ انسانی خصوصیات کو ظاہر کرتا ہے انسان کو اسکے دل کی کیفیات ہی کی وجہ سے پہچانا جاتا ہے، کہ وہ اچھا ہے برا، رحم دل ہے یا سخت دل، کہتے ہیں کہ چہرہ دل کا آئینہ ہوتا ہے انہیں دل کی کیفیت چہرے سے عیاں ہو جاتی ہے اگر دل رنجیدہ ہو تو انسان رنجیدہ، اور اگر دل میں خوشی ہو تو انسان خوش۔ انسان کی انہیں کیفیات سے ہم اس کی فطرت اور اسے پہچانتے ہیں کہ وہ لالچی، حریص، حاسد، بدکردار، بدطینت ہے یا پھر اس کے برخلاف وہ نیک اطوار اور خوش مزاج ہے۔ بزرگوں نے دل کو خدا کا گھر بھی کہا ہے یعنی انسان کے دل میں خدا رہتا ہے، قرآن پاک میں قلب مطمئین کا ذکر ہوا ہے، اور قلب مطمئین اللہ کی سب سے بڑی نعمت ہے، یہ وہ دل ہے جس میں حرص و ہوس نفسانی و شیطانی خواہشات بدکرداری، بدگمانی، کینہ کدورت نہیں ہے۔ جس کا دل مطمئین ہو وہ شخص ہر حال میں مطمئن اور خوش رہتا ہے، دوسروں کے معاملات سے اسے کوئی سروکار نہیں ہوتا۔ ایسا شخص قناعت پسند ہوتا ہے جب کسی دل میں دنیا کی کوئی برائی کوئی طمع نہیں ہوتی تو پھر اس میں سوائے صبر و شکر اور یاد الٰہی کے اور کیا ہو سکتا

ہے داغؔ دہلوی نے اس بات کو یوں کہا ہے۔

لاکھ دینے کا ایک دینا ہے
دلِ بے مدعا دیا تو نے

ہم سب کو اللہ سے دلِ بے مدعا یعنی دلِ مطمئن مانگنا چاہئے اور اپنے دل سے تمام برائیاں نکال کر اسے اللہ کا گھر بنانا چاہئے اگر ہمارا دل اللہ کا گھر بن جائے تو اسے کوئی توڑ نہیں سکتا۔ کیونکہ کہا جاتا ہے کعبہ توڑ و مگر کسی کا دل نہ توڑو۔

دعا ہیکہ اللہ تعالیٰ ہمیں دلِ مطمئین کی نعمت سے مالا مال کرے، اور ہمارا شمار بھی نیک لوگوں میں ہو۔۔۔(آمین)

01-03-2006

عید العیاد

قرآنی آیات احادیث مبارکہ اور واقعات کے حوالوں سے یہ ثابت ہوتا ہے کہ میلاد النبی ﷺ کے موقع پر اس یوم کا منانا اور عید النبی ﷺ کو عید العیاد قرار دیکر خوشی و مسرت کے جذبات کا اظہار کرنا درست اور جائز ہے نبی اکرم ﷺ جو وجہ تخلیقِ کائینات ہیں جن کے نور سے ساری کائینات بنائی گئی ہے آپ رحمت اللعالمین معلم انسانیت شافع روزِ محشر و ساقئی کوثر بھی ہیں آپ ﷺ کی ولادت باسعادت خالق کائینات کی جانب سے کائینات کیلئے ایک عظیم نعمت اور انعام ہے جسکا اندازہ کرنے سے بشری عقل و فہم عاجز ہیں، خود خالق کائنات اللہ رب العزت کے حکم و ہدایت کے مطابق بندوں کو چاہئے کہ وہ اللہ کی نعمتوں اور انعامات کیلئے اس کا شکرادا کرتے رہیں اور ان نعمتوں کا ذکر کرتے رہیں، اسی لئے حضور ﷺ کے یوم ولادت کے موقع پر مسرتوں کا اظہار اور آپ ﷺ کی تعلیمات سیرت اور اسوۂ حسنہ اور انکا تذکرہ حکم ربی کی تعمیل کے مطابق ہی ہونا چاہئے ،اور حدیث نبوی ﷺ کے مطابق سرکار دو عالم ﷺ کا ذکر بھی عبادت ہی ہے، کیونکہ نبی کریم ﷺ کی تعلیمات اور آپ ﷺ کے اُسوئے حسنہ نے اولادِ آدم کو وحدت کی ایک زنجیر میں پرودیا ہے، رنگ و نسل قوم امارت غربت، آقا اور غلام کے تفرقوں کو ختم کرتے ہوئے مساوات کا ایک ایسا درس دیا ہے کہ اس کی مثال کہیں نہیں ملتی انسان کی عظمت مقام و مرتبہ اس کے بہتر کردار اور تقویٰ و پرہیز گاری پر قائم کر کے اصلاح معاشرے کیلئے روشن راہیں قائم کی ہیں۔ چنانچہ ہمیں چاہئے کہ۔۔

عیدالعیاد کے پرمسرت موقع پر نبی کریم ﷺ کی ذات مقدسہ پر درود و سلام کی کثرت اور بارگاہ خداوندی میں نوافل کی ادائیگی کے ذریعہ اظہار تشکر کریں اور نیکو کاری میں مصروف رہیں۔ ہماری زندگیاں سرکار ﷺ کی تعلیمات سے منور ہیں، اگر سرکار کی ولادت بہ سعادت نہ ہوتی تو ہم اور ہمارا معاشرہ گمراہی کی تاریکیوں میں ڈوبا ہوتا سرکار کی ولادت کا دن اسی لئے ہمارے لئے عید کا دن ہے، اگر یہ عید نہ ہوتی تو پھر مسلمانوں کیلئے اور کوئی عید نہ ہوتی ہم عیدالفطر کی مسرتوں سے ہمکنار ہوتے اور نہ عید قرباں کی لذتوں سے واقف ہوتے اور نہ ہی ہمیں خوشیاں ملتیں اور نہ ہی خوشیاں منانے کا سلیقہ آتا اور نہ ہی ہم عبادتوں کی لذتوں سے بہرہ ور ہوتے۔ اسی لئے عید میلادالنبی ﷺ کو ہر مسلمان عیدالعیاد سمجھتا ہے اسی جذبہ سے مناتا ہے اور بارگاہ خداوندی میں سرکار ﷺ کی آمد پر سجدۂ شکر ادا کرتا ہے۔

01-08-1997

حامد علی خاں ایک اچھے شاعر ایک مخلص انسان

ڈاکٹر محمد حامد علی خاں (جنہیں مرحوم لکھتے ہوئے کلیجہ منہ کو آتا ہے) دنیا میں اپنا سفر مکمل کر کے اس جہان فانی سے رخصت ہو گئے اور ان کی یادیں باقی رہ گئی ہیں، اور پھر وقت کے ساتھ ساتھ یہ یادیں بھی ماند پڑ جائینگی، کیونکہ یہی اس جہاں کا دستور ہے، ہر کسی کو یہاں آنا ہے اور دنیا کے اس اسٹیج پر اپنا رول ادا کر کے پردے کے پیچھے چلے جانا پڑتا ہے، زندگی اور موت کے اس کھیل میں بعض وقت ایسے چہرے بھی سامنے آکر چلے جاتے ہیں جن کے جانے سے وقتی طور پر ہی سہی ایک احساس ابھرتا ہے، اور اس چہرے کو مٹی میں ملتا ہوا دیکھ کر دل پر اک جھٹکا سا لگتا ہے، کیونکہ یہ چہرہ عام چہروں سے الگ ہوتا ہے، وہ اپنے لئے جیتے ہوئے بھی اوروں کے کام آتا ہے اپنے دکھ درد کے ساتھ اوروں کے دکھ درد بھی بانٹتا ہے اپنے تو خیر اپنے ہی ہے غیروں سے بھی اپنوں جیسا برتاؤ کرتا ہے، اور اپنی انہی خصوصیات کی وجہ سے لوگوں کے دلوں میں گھر کر لیتا ہے، ایسے ہی پر کشش چہروں میں ڈاکٹر محمد حامد علی خان حامد کریم نگری کا بھی چہرہ تھا جو اب ہم میں نہیں رہا۔ ڈاکٹر حامد علی ایک گونا گوں خصوصیات کے حامل انسان تھے ہمدرد ملنسار خوش شکل خوش اخلاق اور مخلص وہ پیشہ کے اعتبار سے جہاں ایک ماہر اور کامیاب دندان ساز تھے وہیں ادبی حسیت سے بھی انہوں نے اپنی شناخت مستحکم کی تھی شعر و ادب کے رسیا تھے موسیقی اور غزل گائیکی سے بھی خاص رغبت تھی عمر کی پچاس ویں منزل میں آنے کے بعد انہوں نے شعر کہنا شروع کیا تھا اور شعری محفلوں کے روح۔۔

رواں بن گئے تھے، کریم نگر کے ادبی ماحول میں انکا وجود ایک مضبوط کڑی کی طرح تھا وہ ایک دوسرے کو جوڑے رکھنے میں کامیاب ثابت ہوئے اس عمر میں بھی نہایت چاق و چوبند تھے مشاعروں کی محفلوں کو سجانے میں ہمیشہ آگے رہے خود بھی اچھے شعر کہنے لگے فنِ عروض پر بھی عبور حاصل کرنے کی سعی و جستجو میں لگے رہتے ایک مجموعہ کلام (سوغات فکر) منظرِ عام پر آچکا تھا، اب دوسرا شعری مجموعہ انکے احباب ''کلامِ حامد'' کے نام سے شائع کرنے جارہے ہیں، کریم نگر میں ڈاکٹر حامد علی خان حامد کی یاد میں ایک ادبی انجمن بزمِ حامد کے نام سے قائم کر کے انکی یادوں کو تازہ رکھا جارہا ہے، ڈاکٹر حامد علی خان کو رسالہ گونج سے خاص تعلق خاطر تھا وہ اس رسالہ کے روزِ اول ہی سے معاون بنے رہے، مدیر گونج سے بھی نہایت مخلصانہ تعلقات قائم تھے، رسالہ گونج نے انکے انتقال کے بعد مرحوم کی یادوں کو سموئے رکھنے کیلئے اپنا ایک خاص شمارہ بھی ان کے نام سے معنون کر کے انہیں خراجِ عقیدت پیش کیا ہے۔

01-05-2006